Julia Kürschner

Schüler aktiv in die Förderplanarbeit einbinden

Praxisleitfaden zur gemeinsamen Erarbeitung und Umsetzung von Förderplänen

PERSEN

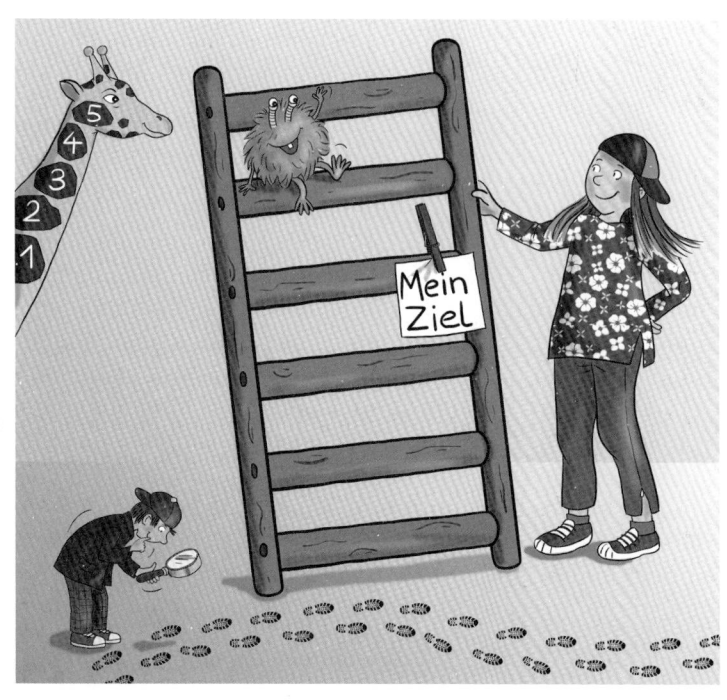

Die Autorin

Julia Kürschner ist als Förderlehrerin an einer Grundschule in Mittelfranken tätig. An ihr 3-jähriges Studium am Staatsinstitut zur Ausbildung von Förderlehrern in Bayreuth knüpfte sich ein 2-jähriges Referendariat an einer Grundschule in Fürth an. Aktuell erprobt und entwickelt sie gemeinsam mit ihren Grundschulkindern immer neue Möglichkeiten für den Einsatz von Förderplänen.

Gedruckt auf umweltbewusst gefertigtem, chlorfrei gebleichtem und alterungsbeständigem Papier.

1. Auflage 2017
© 2017 Persen Verlag, Hamburg
AAP Lehrerfachverlage GmbH
Alle Rechte vorbehalten.

Das Werk als Ganzes sowie in seinen Teilen unterliegt dem deutschen Urheberrecht. Der Erwerber des Werkes ist berechtigt, das Werk als Ganzes oder in seinen Teilen für den eigenen Gebrauch und den Einsatz im Unterricht zu nutzen. Die Nutzung ist nur für den genannten Zweck gestattet, nicht jedoch für einen weiteren kommerziellen Gebrauch, für die Weiterleitung an Dritte oder für die Veröffentlichung im Internet oder in Intranets. Eine über den genannten Zweck hinausgehende Nutzung bedarf in jedem Fall der vorherigen schriftlichen Zustimmung des Verlages.

Sind Internetadressen in diesem Werk angegeben, wurden diese vom Verlag sorgfältig geprüft. Da wir auf die externen Seiten weder inhaltliche noch gestalterische Einflussmöglichkeiten haben, können wir nicht garantieren, dass die Inhalte zu einem späteren Zeitpunkt noch dieselben sind wie zum Zeitpunkt der Drucklegung. Der Persen Verlag übernimmt deshalb keine Gewähr für die Aktualität und den Inhalt dieser Internetseiten oder solcher, die mit ihnen verlinkt sind, und schließt jegliche Haftung aus.

Grafik: Katharina Reichert-Scarborough, München
Satz: Satzpunkt Ursula Ewert GmbH, Bayreuth

ISBN: 987-3-403-20032-1

www.persen.de

Inhalt

Vorwort 4

1. Die Notwendigkeit von Förderplänen 5

2. Die Förderdiagnostik als Grundlage des Förderplans 6

3. Erstellung des Förderplans 12

4. Gestaltung von Förderplänen für die Kinder 19

5. Umsetzung der Förderung 42

6. Die Reflexion 45

7. Kurzer, zusammenfassender Ablauf einer Förderplanarbeit 53

8. Schwierigkeiten der Förderplanarbeit 54

9. Schlusswort 55

10. Quellen 56

 Inhalt der CD

Schülerförderpläne als PDF-Dateien

Zielscheibe als PDF-Datei

Reflexionskarten als editierbare Word-Dateien

Fragebögen zur Reflexion als editierbare Word-Dateien

Vorwort

Ich möchte an dieser Stelle zunächst einmal betonen, dass es sich bei diesem Buch um keine wissenschaftliche Arbeit, sondern um ein Produkt der praktischen Arbeit handelt. In meinem Studium und später auch im Seminar fehlte mir nämlich genau so eine Art von Buch. Wissenschaftliche Publikationen über Förderplanarbeit gibt es viele, aber Anleitungen, worauf es in der Praxis ankommt, sind Mangelware.

Heute, bei meiner täglichen Arbeit als Lehrerin[1], erhalte ich immer häufiger von Referendaren, Studierenden und Lehrkräften Anfragen wie diese: „Arbeitest du mit Förderplänen und wie sieht das bei dir aus?" So entstand die Idee, einen Leitfaden für die Praxis zu schreiben. Dieser Leitfaden soll als Hilfe für alle Personen dienen, zu deren geforderten Aufgaben die individuell abgestimmte Förderung von Kindern und Jugendlichen gehört. Anders als noch vor einigen Jahren trifft diese Tätigkeit heutzutage allerdings nicht nur speziell ausgebildete Kräfte (z. B. Förderschullehrer), sondern alle, die mit Schülern arbeiten, z. B. Vorschulpädagogen, Grundschullehrer, Förderlehrer etc. Gründe hierfür werde ich kurz im 1. Kapitel darlegen.

Mein Name ist Julia Kürschner und ich bin Förderlehrerin an einer Grundschule im schönen Mittelfranken (Bayern). Zur Erläuterung meines Berufsbildes muss ich erwähnen: „Nein, ich bin keine Sonderschullehrerin." Da sich die Bezeichnungen sehr ähneln beziehungsweise früher identisch waren, kommt es heutzutage auch immer wieder zu Verwechslungen. „Förderlehrer" ist eine Bezeichnung für spezielle pädagogische Fachkräfte zur individuellen Förderung von Schülern; in manchen Bundesländern werden andere Bezeichnungen verwendet.

Meine Arbeit besteht darin, sowohl in den Grund- als auch in den Mittelschulen leistungsschwache Schüler zu fördern und leistungsstarke Schüler zu fordern. Kurz und bündig: Ich kümmere mich um die Kinder, die nicht zum „Mittelfeld", sondern in Bezug auf die Gauß'sche Glockenkurve zu den „Randgruppen" gehören. Denn vor allem diese Kinder gehen im normalen Schulalltag, in dem sich eine Lehrkraft um 25 bis 30 Kinder kümmern muss, oft unter.

Anders als bei den Klassenlehrkräften ist nicht der Lehrplan, sondern der Förderplan meine tägliche Arbeitsgrundlage. Die Lernziele oder Kompetenzen, die im Lehrplan fixiert sind, haben die Kinder entweder schon längst erreicht oder die Ziele entsprechen absolut nicht dem, was ein Kind aktuell erreichen kann.

---

[1] Wir sprechen hier wegen der besseren Lesbarkeit von Schülern beziehungsweise Lehrern in der verallgemeinernden Form. Selbstverständlich sind auch alle Schülerinnen und Lehrerinnen gemeint.

1. Die Notwendigkeit von Förderplänen

Die individuellen Unterschiede der Kinder werden aufgrund des immer weiter anhaltenden sozialen Wandels sowie der Anforderungen der Gesellschaft nicht geringer werden. Im Gegenteil: Die Unterschiede bezüglich der Fähig- und Fertigkeiten der Kinder werden auch in den nächsten Jahren immer größer werden. Damit meine ich allerdings nicht nur die kognitiven, sondern auch die emotionalen und sozialen Leistungen unserer Kinder.

Der soziale Wandel zeigt sich mit verschiedenen Gesichtern – der vermehrte Medienkonsum, die steigende Anzahl an alleinerziehenden Elternteilen und die stetig wachsenden Anforderungen der Gesellschaft an die Institution Schule sind hier nur einige zu nennende Schlagwörter.

Auch der Begriff „Inklusion" ist heutzutage in aller Munde, inklusiver Unterricht ist zur Aufgabe aller Schulen geworden. Ziel ist es, dass alle Kinder eine ihren Fähigkeiten entsprechende Ausbildung erhalten.

Es stellt sich mir und sicher auch so manch anderem folgende Frage: „Welche Hilfsmittel stehen den Lehrern in solch schwierigen, bald aber vollkommen normalen, Alltagssituationen zur Verfügung?" Und – für mich besonders wichtig: „Wie werden die Kinder in diese Arbeit mit eingebunden?" Sicher ist nun bereits klar, worauf ich hinausmöchte: die Förderpläne (sowohl für die Lehrperson als auch für die Kinder) und die damit verbundene Förderdiagnostik.

Dieser Leitfaden beinhaltet Informationen zu folgenden drei Bereichen: die Förderdiagnostik als Grundlage jeglichen Förderplans, der formale Förderplan sowie der Schülerförderplan. Grundsätzlich wird ein Wissen in allen drei Themenpunkten benötigt, da diese voneinander abhängig sind und nicht isoliert abgehandelt werden können.

2. Die Förderdiagnostik als Grundlage des Förderplans

Ein Grundsatz lautet: „Jedes Kind soll da abgeholt werden, wo es gerade steht."

Der Anspruch, Kinder in ihrem Lernen dort abzuholen, wo sie stehen, kann nur erfüllt werden, wenn Lehrer Informationen darüber sammeln, an welchem Punkt sich der einzelne Schüler tatsächlich befindet. Dieser Punkt ist sehr individuell und unterscheidet sich zwischen, aber auch innerhalb von Lerngruppen, so homogen diese auch von außen erscheinen mögen.

Die Grundlage jedes Förderplans liegt daher in der Förderdiagnostik. Dabei wird ein besonderes Augenmerk auf eine ganzheitliche und kompetenzorientierte Diagnostik gelegt. Diese erfasst die Gesamtpersönlichkeit eines Menschen und sollte deshalb viele der folgenden Bereiche beachten:
- Fähigkeiten, Stärken, Neugier, Vorlieben, Interessen
- Abneigungen, Vermeidungen
- Aspekte aus den Entwicklungsbereichen Sensorik, Motorik, Sprache, Emotionalität, Sozialverhalten, Kognition
- Aspekte aus den Fächern und den einzelnen Lernbereichen
- familiärer Kontext, biografischer Hintergrund, schulischer Werdegang
- medizinische Besonderheiten

Mithilfe der Förderdiagnostik ist der Lehrer in der Lage, heterogene Lerngruppen individualisierend zu unterrichten.
Die Förderdiagnostik kann drei wichtige Funktionen erfüllen und dient damit der individuellen Lernweggestaltung.
Sie ermöglicht:
- die individuelle Balance der individuellen Lernvoraussetzungen von Schülern und dem Lernangebot im Unterricht,
- das frühzeitige Erkennen von tendenziellen Lern- und Entwicklungsstörungen und ein rasches und effektives Vorbeugen sowie
- konkretes Handeln im Falle bereits eingetretener Probleme.

Im Vordergrund der (Förder-)Diagnostik stehen das vorläufige und immer wieder als Hypothese verstandene Erfassen und Verstehen der Entwicklung eines Schülers sowie das Handeln und die Lösungsstrategie aus der Perspektive des Kindes. Um die Stufe der nächsten Entwicklung zu erreichen, werden geeignete Hilfen und unterstützende Angebote ermittelt. Dies ist jedoch kein kausales „Wenn-dann-Geschehen", sondern ein hypothesengeleitetes Vorgehen, das man immer wieder überprüfen und modifizieren muss.

Diese Vorgehensweise stelle ich im Folgenden anhand einer kleinen, überschaubaren Grafik dar. Anders als bei einem Fließtext erkennt man hier deutlich, dass es sich wahrlich um einzelne Schritte handelt. Die letzten Schritte im Hinterkopf zu behalten und gegebenenfalls auch noch einmal dorthin zurückzukehren, ist unabdingbar. Grundsätzlich handelt es sich allerdings um einen Weg, den man Schritt für Schritt zurücklegt. Die Schritte sind als einzelne Handlungen beziehungsweise Hinterfragungen zu verstehen.

2. Die Förderdiagnostik als Grundlage des Förderplans

> **Was kann das Kind schon?**
> Hypothesen über den aktuellen Entwicklungsstand

> **Was soll das Kind als Nächstes können?**
> Stufe der nächsten Entwicklung?

> **Was ist der nächste Schritt?**
> **Wie kann ich das Kind dabei unterstützen?**
> Hypothesen über daraus abzuleitende Konsequenzen /
> Hilfen / Unterstützungsangebote / weiterführende Angebote

Es gibt verschiedene Wege, um den aktuellen Entwicklungsstand, den Ist-Zustand, eines Kindes festzustellen. Bei allen verschiedenen Erhebungen gilt generell der Grundsatz von Maria Montessori: „Folge dem Kind, achte auf die Zeichen, die dir seinen Weg zeigen."

Spezielle Aufgabentypen

Die förderdiagnostische Grundidee hierbei ist: „Anstatt ein eindeutiges Ergebnis abzufragen, spielt die Vorgehensweise / der Weg der Kinder eine Rolle." Bei dieser Vorgehensweise sind daher sowohl der Wert des Fehlers als auch die Perspektive des Kindes von besonderer Bedeutung.

Um die Handlungen, Ergebnisse und Lösungen aus der Perspektive des Kindes zu verstehen, sind besonders Aufgaben geeignet, die die Kriterien Informativität, Prozessbezogenheit und Offenheit erfüllen.

> **Informativität**
> Auf dem Arbeitsblatt sollte Platz für Erläuterungen, Nebenrechnungen oder Zeichnungen (bezogen auf Mathematik) sowie für Ideenbildung und Planungsüberlegungen (z. B. bezogen auf die Schreibplanung in Deutsch) gelassen werden. Eine andere Möglichkeit ist, die Kinder explizit aufzufordern, das eigene Vorgehen zu erläutern.
>
> **Prozessbezogenheit**
> Den Kindern werden Aufgaben vorgelegt, bei denen sie Zusammenhänge erkennen und übertragen müssen, eigene Überlegungen beschreiben oder Begründungen abgeben sollen.
>
> **Offenheit**
> Den Kindern werden Aufgaben zur Bearbeitung gegeben, die mehr als eine plausible Herangehensweise oder mehr als eine Lösung zulassen (Knobelaufgaben, Experimentieraufgaben etc.).

2. Die Förderdiagnostik als Grundlage des Förderplans

Um die kindlichen Lernprozesse systematisch in den Blick nehmen zu können und zu versuchen, Lösungen und Handlungen aus der Perspektive des Kindes heraus zu verstehen, bedarf es einer bewussten, konzentrierten Vorgehensweise und einiger Übung. Den kindlichen Fehlern kommt dabei eine erkenntnisleitende Funktion zu. Schließlich sind sie das Ergebnis eines angestrengten Denkens. Eine solche Sichtweise sollte auch dann (sozusagen als eigenes Korrektiv) angelegt werden, wenn auf den ersten Blick keine sinnhafte Erklärung möglich erscheint oder wenn die Gefahr besteht, dass sich vorschnelle Erklärungsmuster in den Vordergrund schieben.

An dieser Stelle möchte ich Sie ermutigen:
Ein anfängliches Gefühl der Überforderung und vielleicht auch des Scheiterns ist normal.
Sie dürfen nicht zu schnell aufgeben. Bleiben Sie dran, denn schon nach einiger Zeit der Übung werden Sie erste Erfolge wahrnehmen können, die sehr wertvoll sind.

> Aufgaben, die diese drei Kriterien – Informativität, Prozessbezogenheit, Offenheit – erfüllen, lassen den Entwicklungsgang des Lernens erkennen. Die sich daraus ergebenden individuellen Lernhilfen stellen die geforderte Zusammengehörigkeit von Diagnostik und Förderung tatsächlich her.
>
> Dabei sollte man in folgendem Dreischritt vorgehen:
> 1. Beobachtung
> 2. Hypothesen über die Hintergründe
> 3. Dialog und gemeinsame Reflexion mit dem Kind

Beobachtung
- Wie bereitet sich das Kind auf die Aufgabe vor?
- Was äußert es während seines Tuns?
- Welche Hilfsmittel zieht es heran (die eigenen Finger, Anschauungsmittel etc.)?
- Lässt es sich ablenken? Wodurch?

Hypothesen über die Hintergründe
- Was will das Kind damit erreichen?
- Welches Wissen aktiviert es?
- Welche Strategien verwendet es?

Dialog und gemeinsame Reflexion mit dem Kind
- „Wie erklärst du dein Tun? Warum bist du so vorgegangen?"
- „Gibt es Regeln, die du angewendet hast? Kannst du sie benennen?"
- „Hast du vorher schon einmal ähnliche Aufgaben gemacht?"

2. Die Förderdiagnostik als Grundlage des Förderplans

Informationen aus den Schülerakten

Allein ein Blick in die Schülerakte des Kindes bietet eine gute Möglichkeit, wertvolle Informationen über das Kind (u. a. sein Lern- und Arbeitsverhalten, bereits abgeschlossene Fördermaßnahmen) zu erhalten. Schließlich beinhaltet die Schülerakte neben dem Lernverlauf (Zeugnisse) auch Gutachten und wichtige Inhalte/Vereinbarungen aus bereits stattgefundenen Gesprächen mit Eltern, Fachkräften etc.

Wichtige Sachverhalte können oft bereits durch den Blick in die Schülerakte geklärt werden, z. B.:
- Wurde bereits eine Teilleistungsstörung festgestellt?
- Gab es bereits Auffälligkeiten in den vorherigen Schuljahren/im Kindergarten?
- Besucht das Kind Fachkräfte, wie beispielsweise einen Logopäden oder Ergotherapeuten?
- Wurden mit den Eltern bereits Vereinbarungen bezüglich einer genaueren Abklärung bei Fachärzten (z. B. Augenarzt, HNO-Arzt, Pädaudiologe) getroffen?

Warum also nutzen wir Lehrer meist nur halbherzig die Informationen aus den Schülerakten? Mit dieser Frage möchte ich erreichen, dass Sie überlegen, wie viel Zeit Sie bisher mit den Schülerakten verbracht haben. Kennen Sie wirklich alle Informationen, die in diesen Unterlagen stehen?

Beobachtungen

Eine weitere Möglichkeit, mehr über den Schüler zu erfahren, stellen Beobachtungen dar. Dieses recht einfache Mittel, um Informationen über den Ist-Zustand des Kindes zu erhalten, rückt heutzutage durch die vielen verschiedenen formellen und informellen Diagnosen oftmals in den Hintergrund. Allerdings ist die Beobachtung ein wichtiges Instrument, da sie sich ökonomisch und vielseitig anwenden lässt.

In der Schule ist es möglich, ein Kind umfassend und über einen längeren Zeitraum zu beobachten, um so vielschichtige Informationen über seinen Lern- und Entwicklungsprozess zu gewinnen. Dies kann während der Einzel-, Partner- oder der Gruppenarbeit sowie in geordneten Unterrichtssituationen oder im freien Spiel in der Pause stattfinden.

Die Beobachtung kann auch zur Überprüfung bestimmter Fertigkeiten des Kindes genutzt werden. Um beispielsweise die grob- und feinmotorischen Fertigkeiten des Kindes zu erfassen, eignen sich alltägliche Dinge wie Treppen steigen, hüpfen, Perlen auffädeln, rückwärtslaufen. Auch die Fertigkeiten im Bereich „Wahrnehmung" können durch verschiedenste Übungen abgeklärt werden, wie beispielsweise durch das Nachlegen von Mustern sowie durch die Wiedergabe eines zuvor gehörten Klopfrhythmus.

2. Die Förderdiagnostik als Grundlage des Förderplans

Bei der Beobachtung gibt es allerdings einige Grundlagen zu beachten:

- **Subjektive Erkenntnisse**
  Bei jeder Beobachtung gewinnt man einen individuellen Eindruck des Kindes. Dies geschieht auf der Grundlage der eigenen Erfahrungen, Erwartungen, Relevanzen und durch die Interpretationen im Abgleich mit der eigenen Lebenswelt. Andere Beobachter nehmen das Kind auf eine andere Art und Weise wahr.

- **Selektive Erkenntnisse**
  Dies bedeutet, dass man bei jeder Beobachtung nur einen Teilbereich wahrnimmt und nicht das Kind in seiner Gesamtheit. Das Kind agiert nur in diesem Kontext und dieser Situation auf diese Weise, in einer anderen Umgebung würde es sich vielleicht ganz anders verhalten.

Während einer Beobachtungssituation unterliegt jeder von uns verschiedenen, häufig vorkommenden Fehlern. Aus diesem Grund sollten Sie sich bei Ihren Beobachtungen u. a. folgende Fehlermöglichkeiten stets vor Augen halten:

- **Halo- oder Hof-Effekt**
  Bei der Beobachtung von Personen werden auffallende Merkmale auf andere Wesenszüge übertragen. Ein Beispiel: Ein Schüler zeigt sich interessiert und fleißig im Rechnen und erzielt hier gute Leistungen. Dass er im Bereich Schreiben eher lustlos vorgeht, wird durch das Verhalten beim Rechnen verfärbt und man schreibt ihm auch hier unreflektiert eher gute Leistungen zu.

- **Milde- oder Strenge-Effekt**
  Personen, die einem sympathisch erscheinen, werden besser beurteilt als solche, die einem unsympathisch sind.

- **Rosenthal-Effekt oder Selffullfilling Prophecy**
  Die Psychologen Rosenthal und Jacobsen gelangten aufgrund von Experimenten zu dem Ergebnis, dass Entwicklung, Leistung und Verhalten auch davon abhängig sind, welche Erwartungen man an eine Person hat.

Eine gewinnbringende Beobachtung ist mehr als bloßes Zusehen und Feststellen. Damit diese effektiv, das heißt handlungsleitend, ist, muss die Verhaltens- und Lernprozessbeobachtung zielgerichtet, differenziert, sachlich und methodisch sein.

- **Zielgerichtet**
  Beobachten Sie innerhalb eines klar definierten Beobachtungsrahmens sowie zu einem bestimmten Zweck. Ziel Ihrer Beobachtung könnte beispielsweise das Verschaffen einer gezielten Hilfe für einen Schüler sein.

- **Differenziert**
  Beobachten Sie vielschichtig und tief gehend. Nehmen Sie dabei auch Aspekte wie Motivation und individuelle Sinnhaftigkeit in den Blick.

- **Sachlich**
  Gehen Sie sachorientiert vor. Seien Sie sich Ihrer Erwartungen, Einstellungen und Interessen bewusst und lassen Sie diese weitestgehend außen vor. Sie müssen bereit sein, Ihr eigenes Urteil zu revidieren.

- **Methodisch**
  Wählen Sie eine geeignete Beobachtungsmethode aus. Hierzu stehen Ihnen Screenings, Einzeltestverfahren, Beobachtungsbögen etc. zur Verfügung. Es empfehlen sich Verfahren, die sich

2. Die Förderdiagnostik als Grundlage des Förderplans

gut in den eigenen Unterricht integrieren und zeitsparend auswerten lassen. Beispielsweise bietet es sich oft an, überwiegend solche Situationen zu arrangieren, in denen die gesamte Klasse involviert ist. Während sich alle Kinder beteiligen, wird eines oder werden einige wenige ganz gezielt beobachtet.

Selbsteinschätzung

Eine ganz einfache Frage: Warum befragen Sie nicht einfach einmal das Kind zu seinem Lernstand? Dies kann sowohl in einem Einzelgespräch stattfinden als auch mithilfe eines Bogens zur Selbsteinschätzung. Oftmals trauen wir unseren Kindern, vor allem den jüngeren, viel weniger zu, als sie im Endeffekt können. Sie können oft bereits sehr gut einschätzen, was sie schon beherrschen und in welchen Bereichen sie noch Schwierigkeiten haben. Meiner Meinung nach fällt es ihnen sogar im Vergleich zu den Erwachsenen leichter, über ihre Schwächen zu sprechen.

Ein bekannter Grundsatz von Maria Montessori lautet: „Hilf mir, es selbst zu tun." Diese Aussage besagt, dass alle Kinder grundsätzlich bereit sind, sich Wissen anzueignen, das heißt zu lernen und sich weiterzuentwickeln, und dies vor allem auch wollen. Vertrauen Sie daher auf das Können und die Selbsteinschätzung der Kinder, denn diese wissen oft sehr gut, wo sie derzeit in ihrem eigenen Lernprozess stehen.

Standardisierte/Formelle Verfahren

Typische standardisierte Verfahren sind Intelligenztests und Leistungstests. Diese Tests werden von Wissenschaftlern entwickelt. Die Diagnoseverfahren werden auf alle Personen einer ausgewählten, genau beschriebenen Stichprobe in der gleichen Weise und unter vergleichbaren Bedingungen angewendet. Dabei ist die einzige veränderbare Größe das individuelle Verhalten des Kindes.

Sie werden somit großen Stichproben von Schülern zur Bearbeitung vorgelegt. Anschließend werden die einzelnen Gesamtpunktwerte mit den Normwerten einer Einstichprobe (z. B. Gruppe gleichen Alters und gleicher Schulstufe) verglichen. Der klare Vorteil dieser Verfahren ist die Objektivität. Allerdings dürfen diese standardisierten Verfahren meist nur von einem Beratungslehrer oder Schulpsychologen durchgeführt werden, da zum Teil rechtliche Grundlagen, wie beispielsweise die Zustimmung der Eltern, berücksichtigt werden müssen.

Informelle Verfahren

Informelle Tests dienen ebenso der Information über den Leistungsstand des Schülers. Diese Tests sind allerdings oft subjektiv und können nicht allgemeingültig übertragen werden, da sie zum Teil nur für eine Person oder nur eine Gruppe/Klasse beziehungsweise einen bestimmten Themenbereich gelten. Wie bei den formellen gibt es bei den informellen Verfahren verschiedene Arten. Informelle Diagnosen dürfen im Unterschied zu den formellen ohne Einverständnis der Eltern von allen Lehrern durchgeführt werden.

3. Erstellung des Förderplans

In Situationen, in denen sich die Probleme eines Kindes komplex darstellen oder in denen Lernschwierigkeiten drohen oder bereits vorhanden sind, ist längerfristiges Handeln notwendig. Wie bereits zu Beginn erklärt, wächst aufgrund der verschiedenen Herausforderungen der heutigen Zeit diese Notwendigkeit stetig.

Förderpläne ermöglichen ein systematisches Vorgehen, bei dem Verbindlichkeiten und Zuständigkeiten festgelegt sind und durch die die Verantwortung für die Weiterentwicklung des Kindes geteilt wird.

Ein Förderplan ist keineswegs starr und unabänderlich. Er ist vielmehr ein flexibles Arbeitsmittel, das (allen Beteiligten) eine Übersicht über den Standpunkt und Verlauf des Lernens verschafft. Daraus ergibt sich, dass sich dieser Plan mit dem Lernen kontinuierlich weiterentwickelt und verändert. Per Computer können Sie Ihren Förderplan leicht abändern und erneuern, um z. B. die Zuständigkeiten der mit dem Kind arbeitenden Personen, die Zeiträume (Lerneinheiten) oder Förderziele anzupassen.

Auch die Darstellungsform Ihres Förderplans kann variieren – von Förderplänen in Spaltenoptik über Zeilen, von Sätzen über Stichworte, von schwarz-weiß über farbig. Der eigenen Fantasie sind keine Grenzen gesetzt. Das ist aber auch gut so, denn so kann jeder dieses Arbeitsmittel so gestalten, dass es für ihn selbst ansprechend und verwendbar ist.

Es sollte daher Ihr erstes Ziel sein, herauszufinden, mit welcher Form des Förderplans Sie am besten arbeiten können. Probieren Sie ruhig zunächst die unterschiedlichsten Darstellungsformen und Medien aus. So können Sie letztendlich erkennen, welche Form Sie anspricht. Nur wenn Sie gerne mit etwas arbeiten und sich selbst damit identifizieren können, werden Sie dieses Hilfsmittel auch konsequent nutzen – und dies ist schließlich eine der Grundvoraussetzungen für den Einsatz eines Förderplans.

Längerfristig gesehen ist es selbstverständlich sinnvoll, wenn sich die gesamte Schule auf eine Dokumentationsform einigt, da der Förderplan dann auch von anderen Lehrern fortgeschrieben werden kann. Zunächst allerdings geht es darum, dass Sie ein Gefühl für dieses Arbeitsmittel erhalten und für sich herausfinden, wie Ihnen der Plan von Nutzen sein kann. Dazu gehören auch Erkenntnisse zu Fragen wie: „Wie notiere ich Informationen?", „Was mache ich, wenn Veränderungen auftreten?", „Wie arbeite ich grundsätzlich mit diesem Plan – soll ich ihn wirklich nach jeder Unterrichtseinheit evaluieren?"

Lassen Sie sich für diesen ersten Schritt Zeit – denn dieser erste Schritt ist entscheidend. Im weiteren Verlauf werde ich immer wieder auf die Darstellungsformen eingehen und darlegen, welche Punkte wesentlich sind.

3. Erstellung des Förderplans

Vorteile eines Förderplans

In der heutigen Zeit findet der Begriff „Förderplan" immer größere Beliebtheit. Bereits im Lehramtsstudium taucht er auf und ist dadurch bei Pädagogen in aller Munde. Warum ist dies so?

An dieser Stelle werde ich kurz erklären, wozu Förderpläne eigentlich dienen. Ist man sich dessen bewusst, versteht man auch, warum sie immer größeren Anklang finden.

Ein Förderplan
- dient als Basis und Leitfaden für schulische Gespräche (im Team, mit den Eltern oder den Kindern selbst),
- dient als Grundlage für die Erstellung von Lernstandsbeurteilungen und Zeugnissen,
- kann Teil von Berichten oder Gutachten sein,
- unterstützt die Planung von Unterricht und Differenzierung,
- dient der Qualitätssicherung der schulischen Arbeit.

Sie sehen, es gibt zahlreiche positive Gründe für das Erstellen von Förderplänen. Später werde ich dann zwar noch auf die Nachteile eingehen, aber lassen Sie sich durch diese Aussage nicht verunsichern. Die Vorteile von Förderplänen überwiegen meistens. Es gibt lediglich einige Situationen, in denen die Erstellung, die mit einem hohen Aufwand verbunden ist, nicht mit dem Erfolg einhergeht. Auch diese Punkte müssen offen angesprochen werden und in Ihren Überlegungen einen Platz finden. In Kapitel 8 dazu mehr.

Das Schreiben eines Förderplans folgt einem Regelkreis

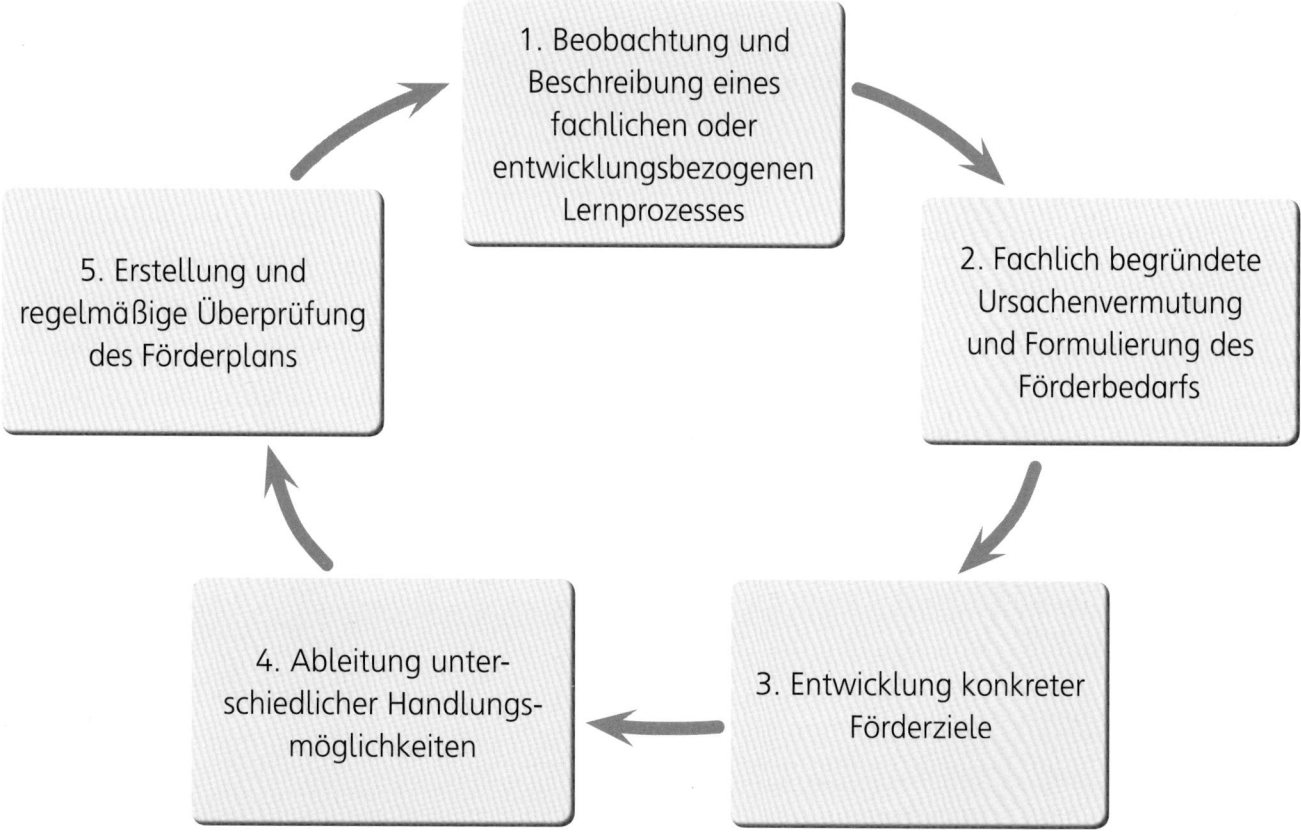

3. Erstellung des Förderplans

1. Beobachtung und Beschreibung eines fachlichen oder entwicklungsbezogenen Lernprozesses

Eine gewinnbringende Beobachtung ist bewusst und zielgerichtet. Es ist dabei bedeutsam, die Kinder in mehreren Situationen zu beobachten. Die Beobachtungen wiederum sollten dann so konkret und eindeutig wie möglich beschrieben werden. Dies bedeutet: ohne eigene Interpretationen, Wertungen und Verallgemeinerungen. Für die darauf folgende Beschreibung ist dies von großer Bedeutung.

2. Fachlich begründete Ursachenvermutung und Formulierung des Förderbedarfs

Hierzu bedarf es eines fundierten Fachwissens und fachdidaktischer Kenntnisse. Daher ist es wichtig, den neueren fachtheoretischen Erkenntnissen auf der Spur zu bleiben.

3. Entwicklung konkreter Förderziele

Beachten Sie: Eine ökonomisch begrenzte Zielauswahl, die sinnvolle Schwerpunkte setzt, ist effektiver als eine unrealistische Vielfalt. Förderziele müssen umsetzbar, konkret beschrieben und überprüfbar sein. Sie müssen den Schülern transparent gemacht werden und sollten in überschaubare Etappen eingeteilt sein, um das Kind und sich selbst nicht zu überfordern.

> Eine goldene Regel für ein Ziel lautet: Es muss **SMART** sein.
>
> **S**pezifisch: Ist das Ziel hinreichend konkret und präzise formuliert? Ist das Ziel eindeutig und widerspruchsfrei?
>
> **M**essbar: Woran kann ich erkennen, ob das Ziel erreicht wurde? Wie kann ich es beobachten?
>
> **A**kzeptiert: Wird das Ziel vom Schüler und der Umwelt akzeptiert?
>
> **R**ealistisch: Ist das Ziel überhaupt erreichbar?
>
> **T**erminiert: Sind klare Termine festgelegt? (Verbindlichkeit)

4. Ableitung unterschiedlicher Handlungsmöglichkeiten

Hier ist es wichtig, in Orientierung an den aufgestellten Zielen breit gefächert und mehrdimensional zu denken und zu handeln – dies beinhaltet auch, etwas Neues zuzulassen.

Förderangebote müssen im Sinne der Ökonomie und Effizienz so realistisch konzipiert werden, dass sie leicht im Förder- oder Klassenunterricht einsetzbar sind. Bei der Entwicklung von Handlungsmöglichkeiten kann man auf bewährte Materialien zurückgreifen oder selbst kreativ werden – auch hier ist in Bezug auf Zeit, Raum und Schüleranzahl eine realistische Planung nötig.

5. Erstellung und regelmäßige Überprüfung des Förderplans

Förderpläne sollten verschiedene Kriterien erfüllen, damit sie effektiv sind:

Kriterium	Umsetzung
für alle Beteiligten (Kinder, Eltern, alle Lehrer der Klasse/Klassenteam) nachvollziehbar und kommunizierbar	Der Förderplan wird mit allen Beteiligten besprochen und abgestimmt. Hierfür müssen Zeiträume zur Verfügung stehen, in denen eine solche Kommunikation stattfinden kann (z. B. Elternsprechtag).
dialogisch	Eine Vielfalt der Sichtweisen ermöglicht auch eine Vielfalt an Handlungsmöglichkeiten. Der beste Förderplan ist daher der, der in Kooperation mit dem Kind, den Eltern sowie allen Fachkräften, die an der Förderung beteiligt sind, erarbeitet und erstellt wird.
fachlich richtig	Fachliche Richtigkeit setzt voraus, dass der Verfasser des Förderplans im jeweiligen Fachbereich kundig ist oder auf entsprechende Instrumentarien zurückgreift.
individuell	Auch eine individuelle Diagnose sowie ein individueller Förderplan können in eine gruppenbezogene Förderung münden.
stärken- und problemorientiert	Es sollte nicht vergessen werden, dass auch das, was jemand gut kann, (weiter) gefördert werden sollte.
ökonomisch in der Erarbeitung und Fortschreibung	Förderpläne zu erstellen ist aufwendig. Diese Arbeit muss unbedingt im Verhältnis zum Ertrag stehen.
unterrichtsrelevant	Die Förderangebote sind so auszuwählen, dass sie im Unterricht umgesetzt werden können. Das heißt u. a., dass sie realistisch in Bezug auf Zeit, Raum und Schüleranzahl durchzuführen sein müssen.
begrenzt und Schwerpunkte setzend	Fördern kann man viel. Entscheidend ist, die Aspekte in den Fokus zu nehmen, die aktuell am bedeutsamsten für einen Lern- und Entwicklungszuwachs des Kindes sind.
im Alltag erinnerbar	Ein Förderplan ist unsinnig, wenn in dem Moment, in dem er geschrieben ist, vergessen wird, was drinsteht.

Es ist sinnvoll, in überschaubaren und nicht zu langen Zeitabständen zu planen, denn ein wichtiges Kriterium für einen brauchbaren Förderplan ist es, dass dieser im Alltagsgeschehen präsent bleibt (z. B. eine Terminierung von Ferien zu Ferien). Eine regelmäßige Evaluation ist selbstverständlich erforderlich

Denken Sie daran: Es kann immer wieder passieren, dass Sie oder der Schüler abwesend sind (Krankheit, Klassenfahrt, Schullandheimaufenthalt etc.) und der Zeitrahmen neu gesetzt werden muss. Des Weiteren kann das Kind auch, anders als zuvor vermutet, mehr oder auch weniger Übungseinheiten brauchen, um ein Förderziel zu erreichen. Handhaben Sie Ihren Förderplan daher auf jeden Fall flexibel.

3. Erstellung des Förderplans

Tipp: Tragen Sie Ihre Beobachtungen und Bemerkungen doch in einer zusätzlichen Spalte ein. Dadurch werden Fort- oder Rückschritte des Schülers, aufgetretene Schwierigkeiten, Erkenntnisse und Feststellungen in der Arbeit mit dem Schüler für alle Beteiligten ersichtlich.

Für einen praktikablen Einsatz sind folgende Elemente im Förderplan unentbehrlich:
- Adressat (Über wen und für wen?)
- Verfasser (Von wem wurde der Förderplan erstellt?)
- Zeitraum (Wann erfolgt eine Überprüfung?)
- exakte Fokussierung auf einen Fach- beziehungsweise Entwicklungsaspekt (Welcher Aspekt des Bereiches z. B. Sprache/Sozialverhalten ist gemeint?)
- Ausgangslage (Wo genau steht das Kind im Lernprozess?)
- Förderziel (Welchen überschaubaren nächsten Entwicklungsschritt soll das Kind gehen?)
- Angebote (Was genau biete ich dem Kind an, um diesen Schritt zu gehen?)
- falls möglich: Vereinbarungen mit allen Beteiligten, das heißt Eltern, weiteren Lehrkräften, ggf. Fachkräften wie Ergotherapeuten oder Logopäden

Im Folgenden ist ein Förderplan abgebildet, den ich für mich persönlich entwickelt habe und in der Praxis anwende. Dieser soll Ihnen als Anregung und Hilfestellung dienen. An dieser Stelle möchte ich aber betonen, dass wirklich jeder sein eigenes Förderplanformular entwickeln oder anpassen sollte. Nur so arbeiten Sie mit einem Hilfsmittel, das für Sie passgenau zugeschnitten ist und mit dem Sie daher gut zurechtkommen werden.

Mit hoher Wahrscheinlichkeit werden Sie nach einigen Einsätzen an Ihrem Plan immer wieder kleine Veränderungen vornehmen, z. B. Spalten vergrößern oder verkleinern und hinzufügen. Glückwunsch – daran erkennen Sie, dass Sie mit Ihrem Förderplan arbeiten!

Deckblatt

Förderplan für:

Name: _____

Geburtsdatum: _____

Herkunft: _____

Familiensprache(n): _____

Klasse: _____ Schuljahr: _____

Klassenlehrer: _____

Beginn der Fördermaßnahme: _____

Vorrangiger Förderbedarf:
_____

Stärken des Schülers:

- _____
- _____
- _____

Probleme/Grenzen des Schülers:

- _____
- _____
- _____

Beobachtete Selbstwahrnehmung des Schülers:
_____

Evaluation des Förderplans am: _____

☐ Ziel erreicht am: _____
☐ Ziel überarbeitet und neu festgelegt
☐ Ziel vorläufig zurückgestellt

Anmerkung:
_____

Name des Verfassers: _____ Schuljahr: _____

Zeitrahmen (Übungseinheiten)	Förder- bzw. Kompetenzbereich	Ausgangslage/ Ist-Stand	Förderziele	Fördermaßnahmen/ Organisation der Förderung (Methoden, Medien)	Beobachtungen/ Bemerkungen

Sonstige Vereinbarungen:

4. Gestaltung von Förderplänen für die Kinder

Grundsätzlich ist zu bedenken, dass Förderpläne nicht nur als Hilfsmittel für die Erwachsenen erarbeitet werden. Stellen Sie sich vor, externe Kräfte würden an und mit Ihnen arbeiten und Sie wüssten nicht, wozu. Zum einen würde bei Ihnen mit hoher Wahrscheinlichkeit eine gewisse Beunruhigung aufkommen, da Sie ja keinerlei Ahnung haben, welches Ziel durch die Arbeit angestrebt wird – könnte es für Sie persönlich nicht auch negativ sein?

Zum anderen würde die Eigenmotivation rapide absinken, wenn Sie denn überhaupt ursprünglich mal vorhanden war. Wir Menschen sind grundsätzlich zielgesteuert. Dies bedeutet, dass wir Ziele für die Aktivierung unserer eigenen Kräfte benötigen. Denn nur, wenn wir wissen, wohin wir wollen beziehungsweise was wir erreichen wollen, entsteht eine intrinsische Motivation und somit ein Grund, uns anzustrengen.

Wie können wir von den Kindern also erwarten, dass sie mit Begeisterung an den von uns gesetzten Zielen mitarbeiten, wenn sie gar nicht wissen, worum es denn eigentlich geht? Daher ist es von enormer Bedeutung, mit den Kindern gemeinsam über die Ziele zu sprechen. Vielleicht decken sich sogar manche Ziele des Lehrers mit denen des Kindes? Denn oftmals können Kinder sehr gut einschätzen, was ihnen bereits gut gelingt und in welchen Bereichen sie noch Hilfe benötigen. Sie haben ja hierzu auch fast täglich den Vergleich mit ihren Mitschülern: durch die Beteiligung an Unterrichtsgesprächen und Tests sowie durch die Vergleiche untereinander, welche die Kinder selbst immer wieder anstellen.

Bei solchen Gesprächen ist es selbstverständlich wichtig, den Kindern auch ihre jeweiligen Stärken aufzuzeigen und ihnen zu erklären, wie man diese für den noch zu stärkenden Bereich nutzen kann.

Zudem sollte dem Kind das Gefühl vermittelt werden, dass gemeinsam an einem Strang gezogen wird. Eine Förderung stellt ein gemeinsames Miteinander dar und keine Prüfungssituation, die bei dem Kind Stress und Ängste auslösen könnte. *Vorsicht: Hier ist Feingefühl gefragt.*

Wenn den Kindern bewusst ist, woran in nächster Zeit gemeinsam gearbeitet wird, ist bereits ein wichtiger Teil geschafft. Durch die Ziele, die mit den Kindern zusammen erarbeitet, besprochen und festgelegt wurden, werden bei ihnen bereits innere Kräfte in Gang gesetzt und die Motivation der Kinder steigt.

Die Arbeit mit einem Förderplan kann den Kindern auch wie ein Trainingsplan erläutert werden (z. B.: Um eine Sportart besonders gut zu können, muss man verschiedene Bereiche trainieren. Im Fußball wären dies beispielsweise Dribbeln, Ballgefühl, Ausdauer, Spieltaktik etc.).

Natürlich begegnet man immer wieder Kindern, die zunächst keine Lust auf solche Gespräche und die bevorstehende Arbeit haben. Diese Einstellung liegt oft an den bereits gemachten schlechten Erfahrungen, wie z. B. verletzende Worte der Lehrkräfte und Eltern („Du schaffst einfach nie eine bessere Note als eine 5! Denk mal darüber nach, woran dies liegt!", „Das war ja klar, dass du es mal wieder nicht verstehst!" etc.). Eventuell gab es sogar körperliche Übergriffe aus Wut oder Enttäuschung der Eltern.

4. Gestaltung von Förderplänen für die Kinder

Es ist weder leicht noch geht es von heute auf morgen, solchen Kindern zu einer positiven Einstellung gegenüber dem Lernen zu verhelfen. Aber geben Sie nicht auf. Man kann es durch wertschätzende Worte, gemeinsame Gespräche (die oftmals nicht einfach ablaufen werden) und kindgerechte Erklärungen über den Zweck der Arbeit schaffen, auch bei solchen Kindern eine gewisse Anstrengungsbereitschaft und Motivation zur Mitarbeit zu erreichen. Es gehört eben auch zu unserer Arbeit, kleine und große Steine aus dem Weg zu räumen – und das ist nicht immer einfach.

Meiner Meinung nach sind wir es aber den Kindern schuldig, da diese heutzutage in einer komplexen Situation aufwachsen und viel von ihnen verlangt wird.

Die Kinder sollten ihre Ziele auch immer vor Augen haben – mithilfe eines Schülerförderplans. Dieser ist auf zweierlei Weise hilfreich. Zum einen dient er als Erinnerungshilfe für bereits erreichte Ziele. Bereits Erreichtes im Hinterkopf zu behalten ist wichtig für eine anhaltende Motivation. Zum anderen zeigt er dem Kind, welche Ziele noch vor ihm liegen. Genauer noch: welche Inhalte nacheinander erarbeitet werden. Das Kind erhält dadurch eine klare Struktur, die ihm Sicherheit bietet.

Es ist selbstverständlich nicht einfach und sehr zeitintensiv, neben dem formalen Förderplan auch noch einen kindgerechten Plan für den Schüler zu erstellen. Gerade am Anfang werden Sie zudem feststellen, dass es gar nicht so einfach ist, formale Förderziele in kindgerechte Formulierungen umzuändern. Je mehr Pläne Sie allerdings entwickeln und mit den Kindern bearbeiten, desto leichter wird es Ihnen fallen. Sie werden mehr und mehr ein Gefühl dafür bekommen, welche Formulierungen Sie verwenden können und welche von den Kindern nicht verstanden werden. Spätestens, wenn Reaktionen wie „Häh?", „Was heißt das?" oder „Was soll ich nun machen?" kommen, wissen Sie, dass die Formulierung zu formal gewählt war.

Generell kann ich Ihnen versichern: Es lohnt sich. Sowohl Ihre eigene Arbeit als auch die Arbeit mit dem Kind wird dadurch strukturiert und erleichtert.

Wichtig bei der Arbeit mit Schülerförderplänen ist, dass den Kindern zu Beginn verständlich erklärt wird, wie mit diesem Hilfsmittel gearbeitet wird. Geben Sie den Kindern genug Zeit und Raum für Fragen. Die Erkenntnis, dass und wie dieser Plan ihnen helfen kann, ist für eine erfolgreiche weitere Arbeit der Schüler fundamental.

In Kapitel 8 werde ich noch auf die Einschränkungen und Grenzen eingehen, die bei der Erstellung solcher Pläne zu beachten beziehungsweise abzuwägen sind.

Es gibt verschiedene Darstellungsformen eines Schülerförderplans. Im Folgenden werden Sie einige sehen, mit denen meine Schulkinder und ich bereits erfolgreich gearbeitet haben. Natürlich sind hierbei der eigenen Kreativität keine Grenzen gesetzt. Sehen Sie meine Pläne daher als Anregungen für die Erstellung Ihrer individuellen Förderpläne.

4. Gestaltung von Förderplänen für die Kinder

Schülerförderplan als Tabellendokument

Für diese Dokumentationsform muss der formale Förderplan lediglich ein wenig abgeändert werden – aus dem Begriff „Förderziele" wird „Meine Ziele / Daran werde ich arbeiten", aus „Fördermaßnahmen" wird „Meine Arbeitsmittel". Achten Sie darauf, dass Sie kindgerechte Formulierungen verwenden. Zusätzlich sollte eine Spalte eingefügt werden, in der die Kinder Fortschritte, Erkenntnisse und Schwierigkeiten notieren können sowie letztendlich bei Erreichen des Ziels einen Haken setzen können.

Für die Spalte „Zeitraum" können Sie entweder einen festen Zeitraum festlegen oder Sie überlassen dem Kind selbst die Entscheidung, wie lange es an einem Bereich arbeitet. Ich persönlich bevorzuge die zweite Möglichkeit, da es bei Zeitverschiebungen durch Ausfälle von Fördereinheiten sowie durch Über- oder Unterschätzung der Entwicklungsmöglichkeiten des Kindes nicht ständig einer Korrektur bedarf. Außerdem kann das Kind dadurch selbst entscheiden, wann es sich in einem Bereich sicher genug fühlt, um sich schließlich dem nächsten Lernziel zu widmen. Die Selbsteinschätzung wird dadurch gefördert, was wiederum für die Weiterarbeit gewinnbringend ist.

Auch die äußere Form eines Schülerförderplans darf nicht vernachlässigt werden. So kann man diesen beispielsweise je nach Vorlieben des Kindes individuell gestalten – bei einem Fußballfan kann man z. B. entsprechende Bilder auf dem Plan einfügen.

Die Bezeichnung „Förderplan" kann dann auch in „Trainingsplan" (Vergleich zum Fußball- beziehungsweise Sporttraining) geändert werden. Auch können Sie die Kinder den Plan unterschreiben lassen. Dadurch wird dem Schüler meist noch mehr bewusst, dass es in dem Förderplan um ihn persönlich geht. Zudem verdeutlicht diese Unterschrift das Einverständnis, sich auf die Förderung einzulassen. Dabei sollte dem Kind gegebenenfalls anhand von Vergleichen erklärt werden, was eine Unterschrift in einem Vertrag bedeutet (Einwilligung, Zuverlässigkeit, Mitarbeit etc.).

Schuljahr: _____ Schulname: _____

Förderplan (bzw. Trainingsplan) für: _____

| Zeitraum | Meine Ziele
(Daran werde ich arbeiten:) | Meine Arbeitsmittel
(Diese Materialien helfen mir dabei:) | Meine Beobachtungen, Fortschritte, Schwierigkeiten … |
|---|---|---|---|
| | | | |
| | | | |
| | | | |
| | | | |
| | | | |

_____
Unterschrift Schüler/-in

_____
Unterschrift Lehrkraft

4. Gestaltung von Förderplänen für die Kinder

Schülerförderplan als „Lupenweg", „Laborarbeiten" o. Ä.

Diese Dokumentationsform hat sich mittlerweile als meine Lieblingsform entpuppt. Allerdings bin nicht nur ich Fan dieses Schülerförderplans, vor allem sind es meine Kinder, die damit arbeiten – und das ist das Beste, was man erreichen kann.

Auf diesem „Lupenweg" werden die einzelnen Förderbereiche in Form eines Weges dargestellt, der von dem Schüler durchlaufen wird. Hierzu wird ein Bild von einer Figur (z. B. ein Detektiv, ein Professor) benötigt, das mithilfe von Klebgummi auf dem laminierten Plan angeheftet werden kann. Dadurch erkennt das Kind sehr deutlich, wie viel es von seinem Weg bereits gelaufen ist, das heißt, wie viele Förderziele es bereits erreicht hat, und welche Stationen ihm auf seinem Weg noch bevorstehen.

Nach jedem bearbeiteten Lernbereich kann der Schüler seine Figur nehmen und sich auf dem Weg weiter zum nächsten Förderbereich, der entsprechend der ausgewählten Darstellungsform in einer Lupe oder in einem Glaskolben schriftlich fixiert ist, fortbewegen.

Es ist möglich, dass das Kind zudem am Ende der Arbeit an einem Lernbereich vom Lehrer einen Buchstaben oder eine Zahl erhält, den/die es neben das Förderziel schreiben kann. Am Ende der Förderung erhält das Kind schließlich einen Code, der als Öffnungsschlüssel für eine Belohnungskiste genutzt werden kann.

Neben der intrinsischen Motivation erhält der Schüler somit noch eine zusätzliche extrinsische Motivation. In dieser Belohnungskiste sind dann verschiedene nützliche Schulutensilien (Radiergummi, Bleistift, Würfel), aus denen der Schüler sich ein Geschenk aussuchen darf. Dies kann, muss aber natürlich nicht gemacht werden.

Es hat sich gezeigt, dass die Kinder diese Form von „Schülerförderplan" sehr ansprechend und somit motivierend finden.

Auf den nächsten Seiten finden Sie Beispiele für diese Dokumentationsform. Neben „Detektiven" und „Professoren" kann man selbstverständlich auch alle anderen beliebigen Themen verwenden (Bienen und Honigtöpfe, Piraten und Schatzkisten, Aliens und Raumschiffe etc.).

Schuljahr:

Schulname:

Detektivfälle von

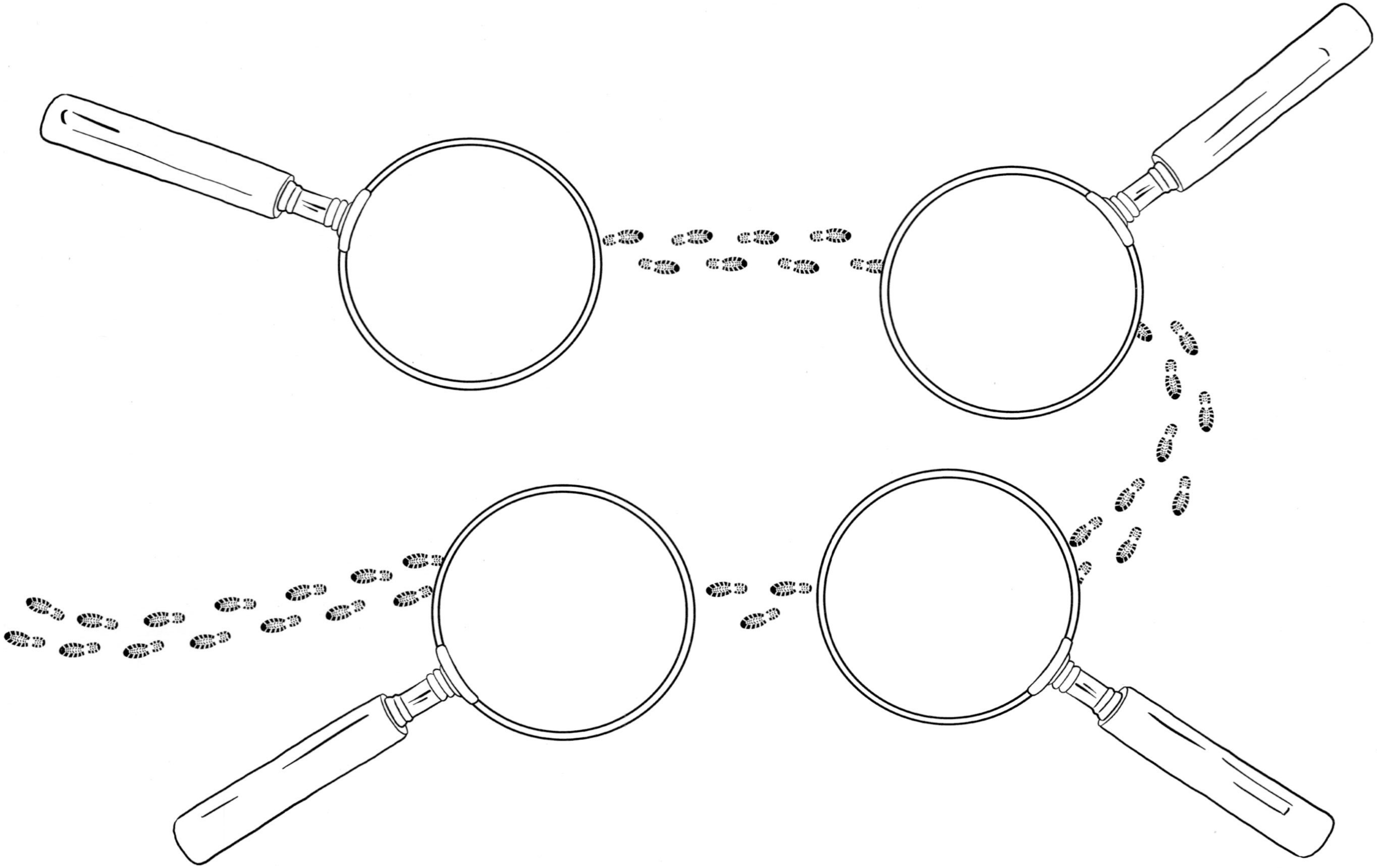

Schuljahr:

Schulname:

Laborarbeiten von

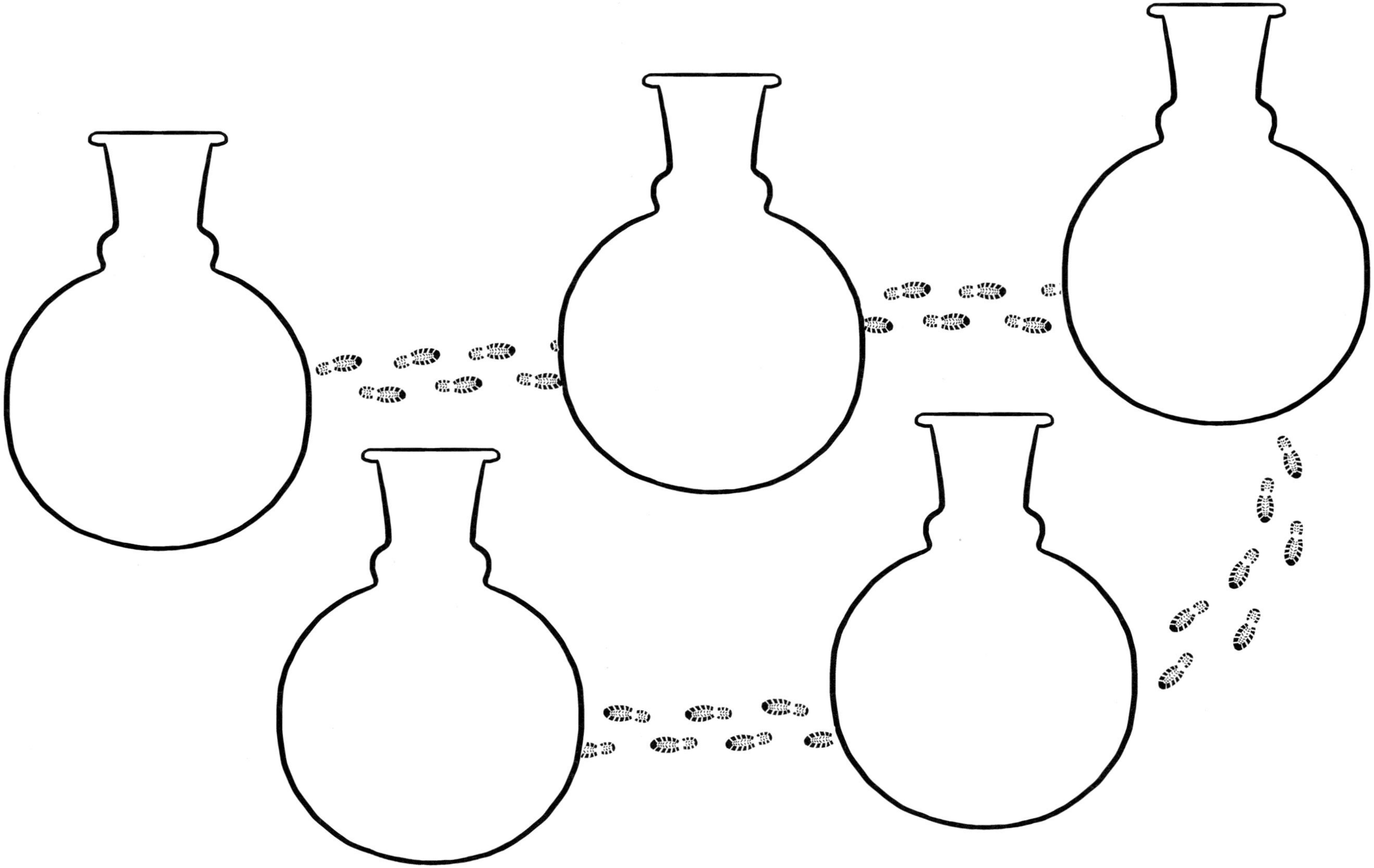

Schuljahr:

Schulname:

Schatzkarte von

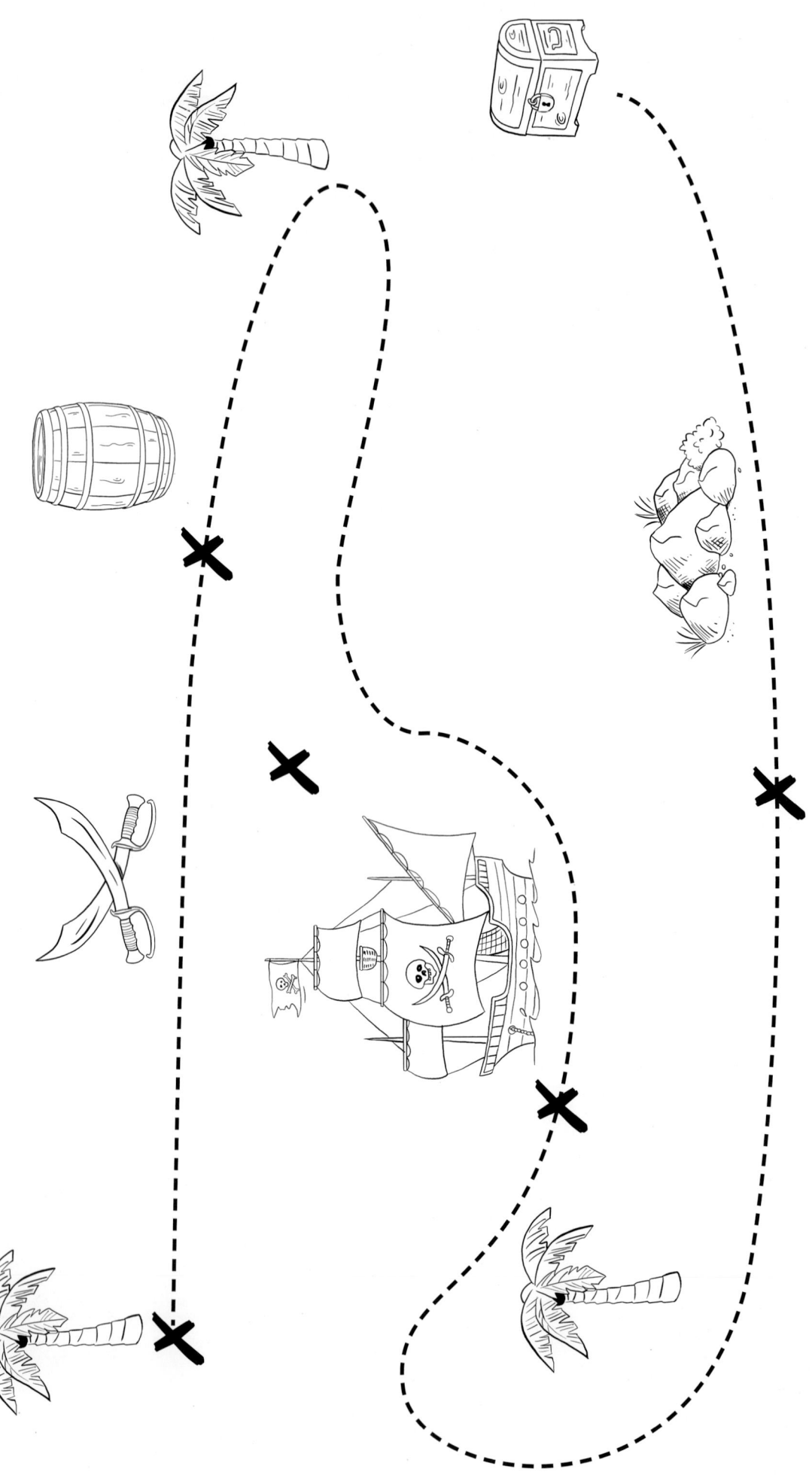

Schuljahr: _____

Schulname: _____

Monsterfälle von _____

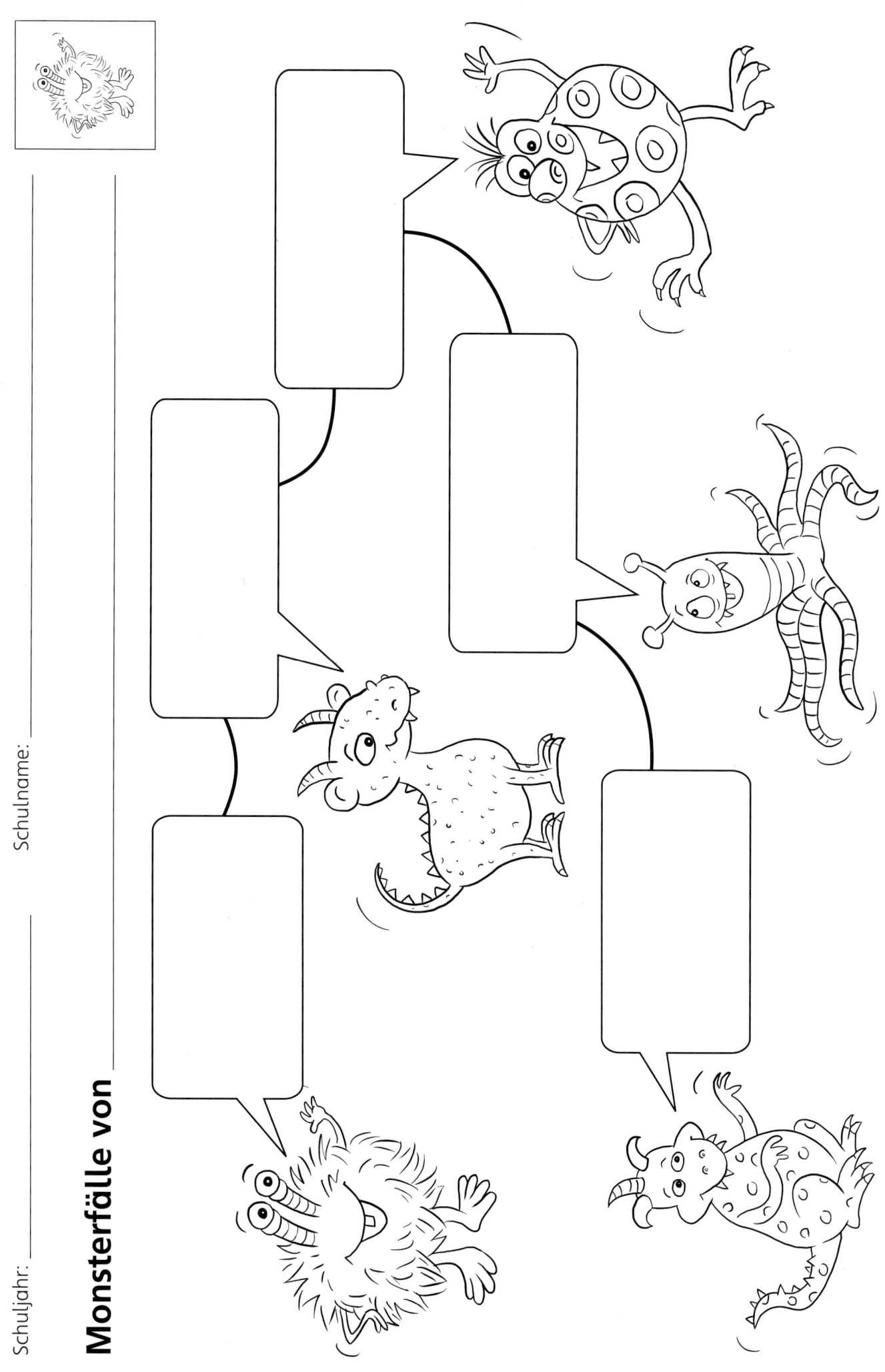

Schuljahr: _____

Schulname: _____

Spielzüge von _____

TOR!

4. Gestaltung von Förderplänen für die Kinder

Schülerförderplan als „Leiterdarstellung"

Eine weitere mögliche Darstellungsform ist eine Leiter. Hierzu kann man sowohl eine kleine, selbst gebaute Holzleiter oder eine laminierte Papierleiter verwenden. Zusätzlich erhält das Kind eine Wäscheklammer, auf der sein Name notiert ist. Diese Klammer kann mit einer zusätzlichen Figur oder mit anderen Kleinigkeiten geschmückt werden. Oder das Kind gestaltet seine eigene „Namensklammer" selbst.

Der Förderplan in Leiterform funktioniert wie folgt: Auf jeder Leitersprosse steht ein Förderziel oder hängt daran. Gestartet wird auf der untersten Sprosse – deutlich wird dies durch das Heranstecken der Wäscheklammer an das Förderziel. Nachdem ein Förderziel erreicht wurde, wird die Wäscheklammer an die nächsthöhere Sprosse gesteckt.

Auf diese Weise wird dem Schüler sehr deutlich gezeigt, wie weit er auf dem individuellen (Förder-)Weg schon fortgeschritten ist – welche Ziele bereits erreicht wurden und welche noch angestrebt werden. Je höher die Wäscheklammer an der Leiter steckt, desto mehr hat das Kind bereits gelernt.

Aus eigenen Erfahrungen kann ich sagen, dass diese Darstellungsform ebenfalls sehr motivierend auf die Kinder wirkt. Durch die nach dem Erreichen eines Förderziels stattfindende Handlung „Umstecken der Wäscheklammer auf die nächste Sprosse" wird dem Kind noch deutlicher, dass es bereits sehr viel erreicht hat. Das steigert wiederum die individuelle intrinsische Motivation.

Schuljahr: _____   Schulname: _____

Förderplanleiter von _____

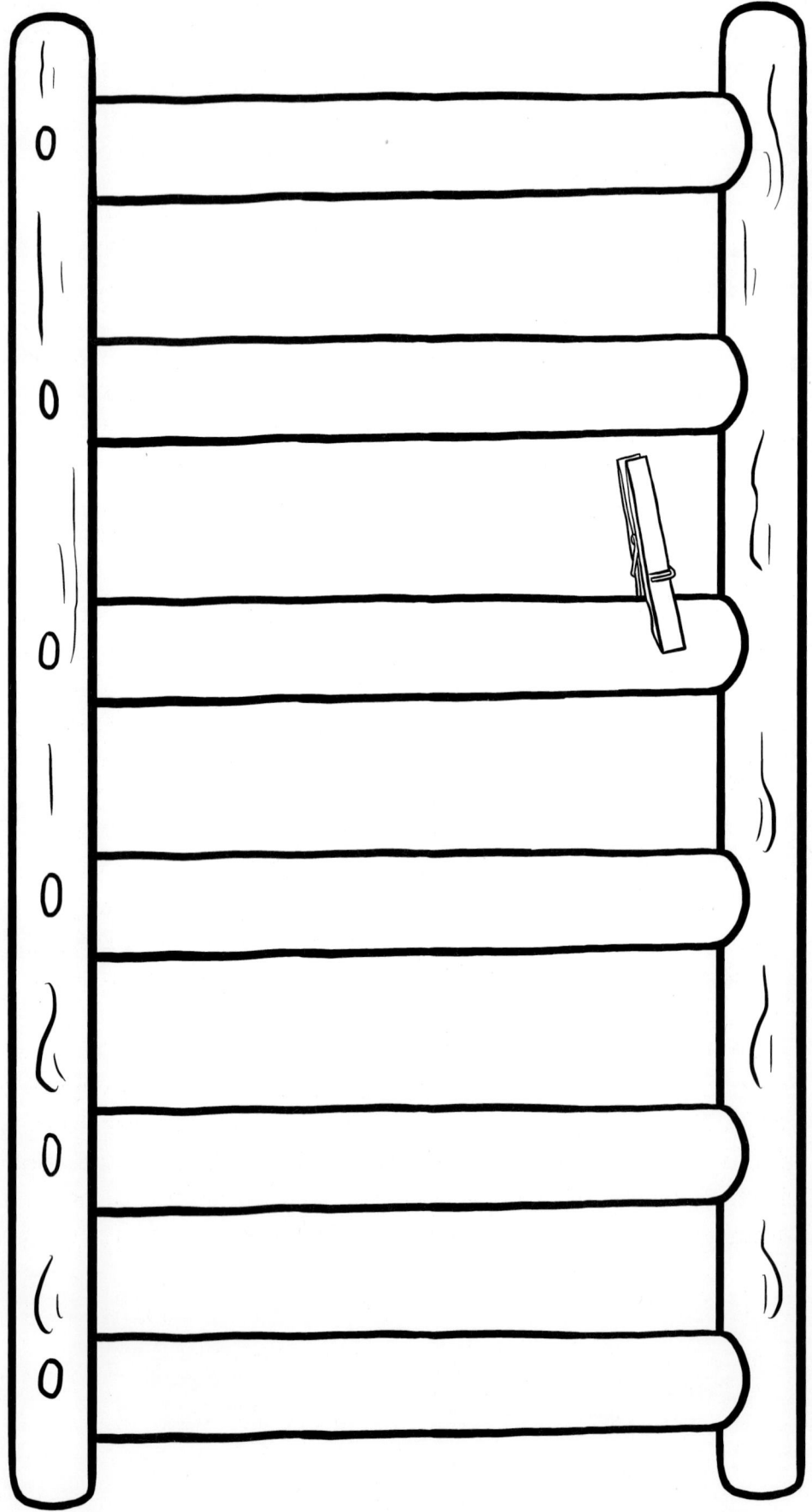

30

J. Kürschner: Schüler aktiv in die Förderplanarbeit einbinden
© Persen Verlag

4. Gestaltung von Förderplänen für die Kinder

„Schülerförderplan im Schuhkarton"

Diese Dokumentationsform ähnelt dem bereits vorgestellten „Lupenweg". Der Unterschied besteht allerdings in der Anschaulichkeit – denn dieser Schülerförderplan ist dreidimensional. Dafür werden reale Gegenstände als Requisiten benötigt. Diese sind allerdings nicht schwer zu beschaffen und kostengünstig:

Zum einen benötigen Sie eine Kiste, hierzu empfehle ich einen Schuhkarton. Dieser ist von der Größe her optimal und da er mithilfe des Deckels leicht verschlossen werden kann, eignet er sich auch gut zum Verstauen im Klassenzimmer. Zum anderen benötigen Sie Steine oder Zettel, auf denen später die einzelnen Lernziele notiert werden. Damit der Schüler eine Möglichkeit hat, sich von Ziel zu Ziel fortzubewegen, wird noch eine Plastikfigur, ein kleines Tier oder eine andere Art der Darstellung benötigt.

Sie können diesen Förderplan selbstverständlich auch mit dem Schüler gemeinsam erstellen. Abgesehen von dem Spaßfaktor wird auch die Motivation, mit diesem Plan zu arbeiten, erhöht. Im Inneren des Schuhkartons wird nun ein Weg eingezeichnet, der Rest des Kartons kann frei gestaltet werden. Auf den Weg werden in der entsprechenden Reihenfolge die „Lernzielsteine" geklebt.

Der Schüler beginnt nun, mithilfe der Figur den Weg abzulaufen. Die Steine stellen dabei Hindernisse dar, die es zu bewältigen gilt. Das bedeutet, dass die Figur vor jedem „Lernzielstein" zunächst zum Stehen kommt, um an diesem Lernbereich zu arbeiten. Hat der Schüler letztendlich das Ziel erreicht, kann er über den Stein springen und auf seinem Weg so lange weitergehen, bis der nächste Stein den Weg versperrt.

Die Kinder werden auf ihrem „Weg des Lernens" immer wieder Hindernisse überwinden müssen, um letztendlich an ihr Ziel zu kommen. Dieser Grundgedanke wird bei dieser Darstellungsform aufgegriffen und sollte von Ihnen genau erklärt werden. Dadurch soll die Motivation des Schülers, an seinen eigenen „Baustellen" arbeiten zu wollen, um schließlich in seinem persönlichen Lernen einen Schritt weiterzukommen, erhöht werden und langfristig erhalten bleiben.

4. Gestaltung von Förderplänen für die Kinder

Schülerförderplan als Bildergalerie

Eine Bildergalerie – eine gewisse Reihenfolge, viele Rahmen, viele Farben: Diese Überlegungen stecken in der nächsten Darstellungsform. Anstelle von Bildern beinhalten die Bilderrahmen allerdings Lernziele und auch die nötige Farbe ist zunächst noch nicht aufzufinden, denn die Rahmen werden erst nach und nach gefüllt. Wann? – Genau dann, wenn der Schüler das Lernziel erreicht hat.

Indem die nacheinanderfolgenden Bilder mit den Lernzielen sowie Zahlen beschriftet werden, kann der Lehrer auch bei dieser Darstellungsform eine Reihenfolge der Förderbereiche vorgeben. Je mehr Rahmen von dem Schüler farbig ausgemalt wurden, desto mehr Lernziele hat er bereits erreicht.

Wer von uns kennt nicht dieses tolle Gefühl, wenn man sich eine To-do-Liste schreibt und schließlich jede bereits erledigte Tätigkeit einfach mit einem Stift durchstreichen kann! Genau dieses positive Gefühl wird bei dem Schüler durch das Ausmalen der Rahmen hervorgerufen: Er hat etwas erreicht und kann dementsprechend eine gewisse Handlung ausüben.

Zudem lässt auch dieser Schülerförderplan das Kind leicht erkennen, welche beziehungsweise wie viele Lernbereiche noch folgen und in welcher Reihenfolge an diesen gearbeitet wird. Selbstverständlich kann diese Form auch abgewandelt werden, beispielsweise in einen Wald oder Zoo.

Die Kinder können auch selbst ein Schwarz-Weiß-Bild gestalten. Wichtig hierbei ist, den Schülern zuvor genau zu erklären, wofür dieses Bild benötigt wird und dass es erst nach und nach an Farbe gewinnen wird. Damit genug Platz für die Förderziele vorhanden ist, sollten die Kinder dazu angehalten werden, große Formen zu zeichnen. Zudem sollte ihnen vorgegeben werden, wie viele Gegenstände sie malen sollen – je nachdem, an wie vielen Förderbereichen sie arbeiten werden.

Sind die Schüler mit ihrem Werk fertig, klebt der Lehrer in die einzelnen Formen die durchnummerierten Förderziele. Auch diese Arbeit könnte von den Schülern übernommen werden. Sie werden feststellen, wie viel Spaß den Kindern die spätere Arbeit mit ihrem selbst gestalteten Förderplan machen wird. Und Spaß bedeutet Motivation.

Schuljahr: _____

Schulname: _____

Bildergalerie von

Schuljahr: _____

Schulname: _____

Wald von _____

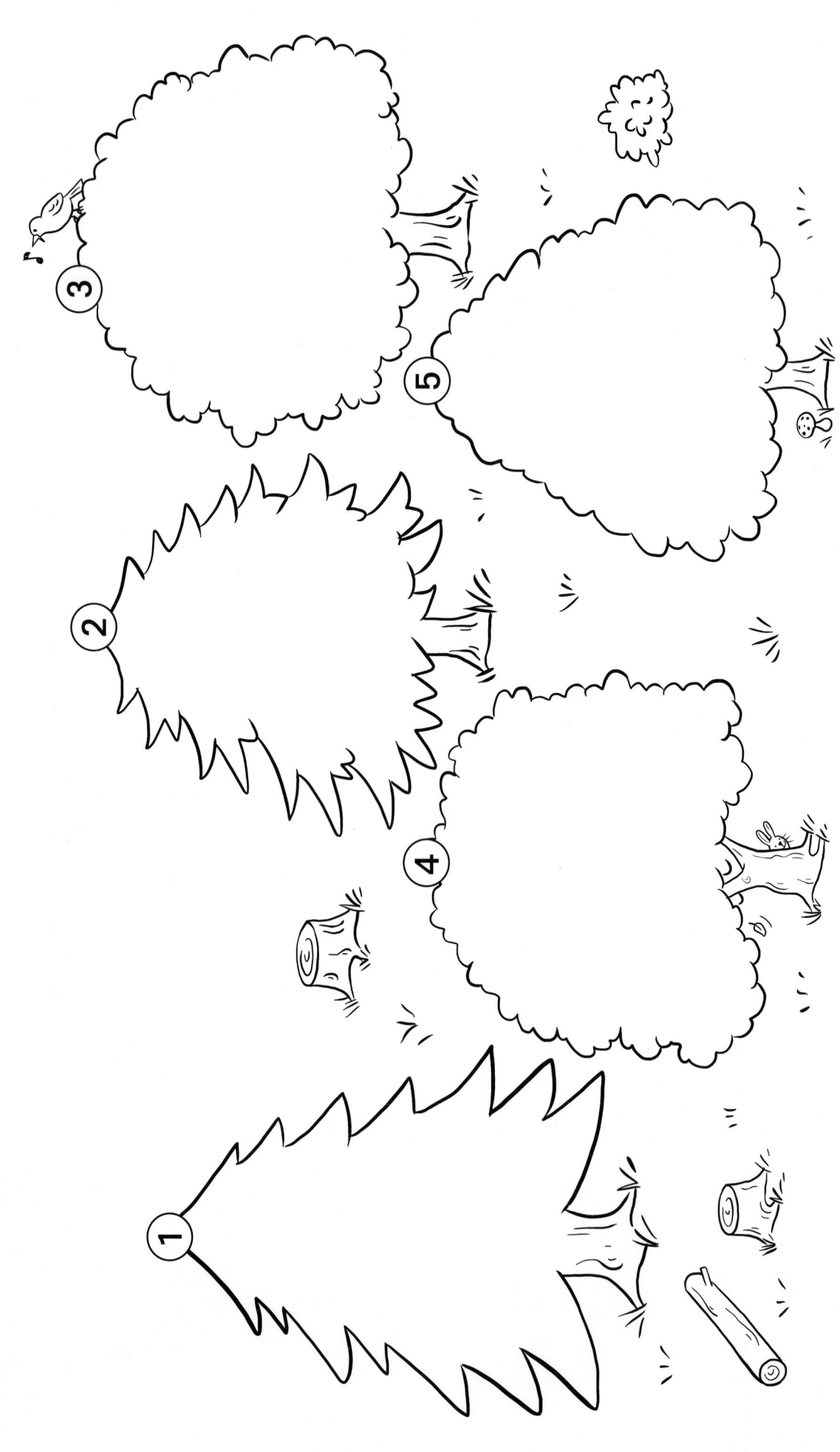

Schuljahr: _____

Schulname: _____

Zoo von

Schuljahr: _____

Schulname: _____

Weltall von _____

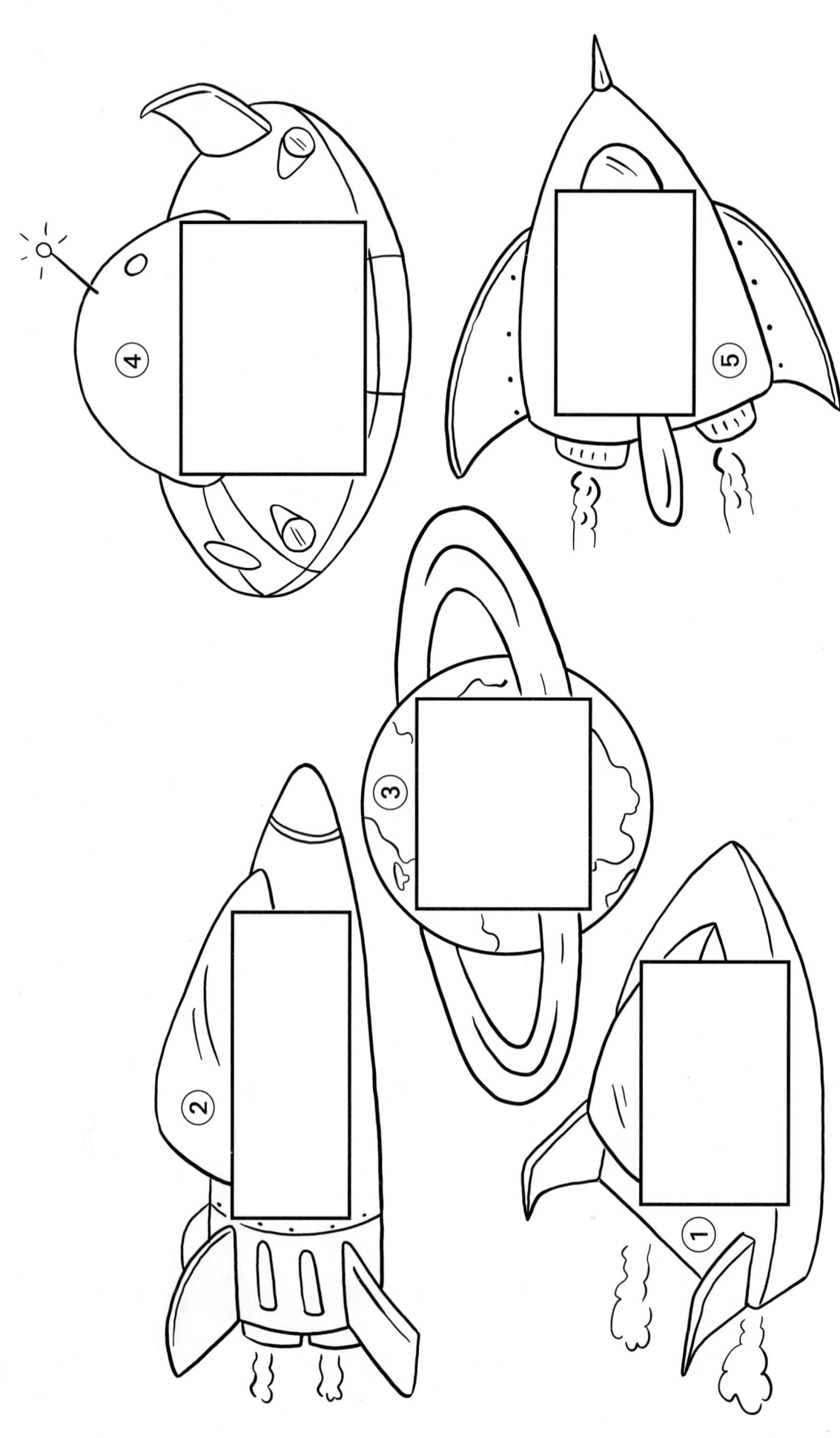

4. Gestaltung von Förderplänen für die Kinder

Schülerförderplan in Form eines Tieres oder Gegenstandes

Der Grundgedanke dieses Plans liegt in dem Aufgreifen des Lieblingstieres oder des Interesses des Schülers. Wenn Sie es nicht sowieso schon wissen, dann fragen Sie das Kind doch einfach danach. Dies vermittelt dem Kind zugleich ein Gefühl von Interesse an seiner Person. Sie werden dadurch nur Pluspunkte bei ihm gewinnen.

Je nachdem, was dem Schüler gefällt, zeichnen oder suchen Sie ein Bild (beispielsweise eine Giraffe, einen Fußball, ein Rennauto). Wichtig ist, ein Bild zu wählen, in dessen Inneren viel Platz für das Einzeichnen von geometrischen Formen (Kreise, Vierecke etc.) ist. Je nach Belieben können Sie verschiedene Formen verwenden oder Sie suchen sich eine aus. Die Anzahl der geometrischen Formen entspricht der Anzahl der Lernziele – denn zum Schluss soll jedes Ziel in einer Form stehen.

Denken Sie daran, die Reihenfolge der Lernziele durch das Durchnummerieren für das Kind deutlich erkennbar zu machen. Der Schüler beginnt nun, an dem ersten Förderbereich zu arbeiten. Sobald er dieses Lernziel erreicht hat, darf er die Form bunt ausmalen. Anschließend geht es mit der Arbeit am zweiten Förderbereich weiter. An diesem Förderplan wird so lange gearbeitet, bis schließlich alle Formen eine Farbe erhalten haben. Dies ist der Nachweis, dass an allen nötigen Förderbereichen gearbeitet wurde beziehungsweise die entsprechenden Lernziele erreicht wurden.

Sehr schön ist es, wenn man das ganze Schema noch in eine Geschichte verpackt – beispielsweise, dass die Giraffe die braune Farbe ihrer Flecken verloren hat. Der Schüler kann der Giraffe helfen, die braunen Flecken zurückzugewinnen, indem er mit dem Lehrer gemeinsam an den Zielen arbeitet. Dadurch erhält der Schüler eine extrinsische Motivation (das Ausmalen der Flecken bei Erreichen eines Zieles), die übergangslos in eine intrinsische Motivation (der Giraffe helfen) führt. Sie werden schnell bemerken, wie gerne der Schüler an beziehungsweise mit diesem Schülerplan arbeiten wird.

Schuljahr: _____   Schulname: _____

Förderplangiraffe von _____

38   J. Kürschner: Schüler aktiv in die Förderplanarbeit einbinden
© Persen Verlag

Schuljahr: _____   Schulname: _____

Förderplanblume von _____

Schuljahr: _____ Schulname: _____

Förderplanbaum von _____

4. Gestaltung von Förderplänen für die Kinder

Schülerförderplan als „Blumen-/Sternepflücken"

Für diese Art des Förderplans werden die Lernziele auf Blumen oder Sterne geschrieben und in eine Kiste gelegt. Hierbei ist es wichtig, dass die Lernziele durchnummeriert sind, damit der Schüler sieht, wann welcher Förderbereich an der Reihe ist. Des Weiteren erhält der Schüler entweder ein grünes Blatt Papier für die entstehende Blumenwiese oder ein schwarzes/blaues Blatt Papier für den entstehenden Sternenhimmel.

Zu Beginn der Arbeit mit diesem Plan nimmt sich das Kind die Blume oder den Stern mit der Nummer 1 und klebt diese(n) auf sein Blatt Papier. Sobald die Arbeit an dem ersten Förderbereich abgeschlossen ist (das heißt, das Kind hat das Lernziel erreicht), darf es sich die nächste Blume beziehungsweise den nächsten Stern holen. Anhand der aufgeklebten Blumen/Sterne wird dem Schüler verdeutlicht, wie viele Bereiche er schon abgearbeitet hat. Die noch übrigen Blumen/Sterne in der Kiste lassen erkennen, wie viele Bereiche noch bevorstehen.

Durch diese Darstellungsform wird dem Kind anschaulich vermittelt, dass mit jedem Lernziel nicht nur seine Blumenwiese oder sein Sternenhimmel „wächst", sondern auch sein Können.

Sie, liebe Lehrer, sehen: Es gibt die unterschiedlichsten Möglichkeiten, einen formalen Förderplan kindgerecht darzustellen. Lassen Sie sich inspirieren und werden Sie selbst kreativ. Sie können dabei nichts falsch machen und anhand der Reaktionen Ihrer Kinder werden Sie schnell erkennen, welche Darstellungsformen die Schüler ansprechen. Unsere Kinder sind dabei die kritischsten, aber auch die besten Beurteiler.
Vergessen Sie dabei allerdings nie: Jeder Schüler bevorzugt – wie wir Erwachsenen – eine eigene Form des Arbeitens.

5. Umsetzung der Förderung

Angebote zur Förderung und Unterstützung können auf verschiedenen unterrichtlichen Ebenen gemacht werden.

Fördern kann somit realisiert werden durch:
- die ausgewählten Inhalte
- die Methoden
- die Medien
- Formen der Differenzierung
- Setting und Lernarrangements
- Arbeits- und Sozialformen
- unterstützende Angebote
- Interaktionen der Lehrperson

> Grundsätzlich gilt:
>
> **Förderung findet nicht im luftleeren Raum statt, sondern ist sinngebend an einen Inhalt oder ein Thema gebunden.**

Die Organisation der Förderung kann dabei auf vielfältige Art und Weise geschehen:

Lerngruppenimmanente Förderung

Bei dieser Förderung kann ein bestimmter Inhalt als Rahmenthema für die Lerngruppe gleich sein, dennoch können durch Differenzierung unterschiedliche Lernziele verfolgt werden.

Diese Differenzierung kann auf unterschiedlichen Ebenen stattfinden:
- **als qualitative Differenzierung**
  (z. B. durch unterschiedliche Schwierigkeitsgrade oder Abstraktionsniveaus)
- **als methodische Differenzierung**
  (z. B. durch unterschiedliche Medien und Hilfsmittel, durch reduzierte oder verstärkte Lehrerhilfe)
- **als mengenmäßige Differenzierung**
  (z. B. durch unterschiedlich lange Lesetexte zu einem Thema oder weniger beziehungsweise mehr Mathematikaufgaben, die in einer bestimmten Zeit zu erledigen sind)
- **als freigestellte Differenzierung**
  (z. B. Arbeit nach freier Wahl, Interessengruppen, Projektgruppen)

5. Umsetzung der Förderung

Diese Differenzierungen können zudem in verschiedenen Sozialformen (Einzel-, Partner-, Gruppenarbeit) stattfinden. Wichtig ist hierbei, den Kindern ehrlich zu benennen, wo sie derzeit im Lernprozess stehen. Nur dann können sie sich auch individuelle Ziele setzen, um sich weiterzuentwickeln, und Hilfen dazu einfordern beziehungsweise annehmen. In diesem Zusammenhang liegt die pädagogische Aufgabe darin, das Selbstbewusstsein der Kinder zu stärken, indem ihnen verdeutlicht wird, dass jeder etwas anderes gut kann.

Oftmals ist es zudem gerade an dieser Stelle nötig, den Schülern zu erklären, dass auf alle Fälle keiner von ihnen besser oder schlechter ist. Ein ständiger Wettbewerbsgedanke findet sich bereits bei unseren Kleinsten. Dieser lähmt sie allerdings oft mehr, als sie in ihrer Arbeit voranzutreiben. Aus diesem Grund sollte diese Thematik gleich zu Beginn vom Lehrer offen angesprochen werden und anhand von Beispielen oder Vergleichen näher ausgeführt werden (beispielsweise ist der eine Schüler besser im Fußball, der andere kann dafür detaillierter zeichnen). Den Kindern sollte dabei die Möglichkeit gegeben werden, ihre Ansichten und Ideen offen auszudrücken. Auf diese Weise werden sie schnell von selbst erkennen, dass es bei ihrer Arbeit um ihr eigenes und nicht um das Können der anderen geht.

Individualisierter Förderunterricht

Wie der Begriff „individualisiert" bereits aussagt, arbeiten die Schüler einer Gruppe nicht an einem gemeinsamen Thema, sondern jedes Kind erhält bei dieser Möglichkeit gemäß seinem individuellen Förderbedarf ein gezieltes Angebot.

Gerade für diese Art der Förderung bieten sich Schülerförderpläne an. Abgesehen von den für die Förderung benötigten individuellen Angeboten erhält jeder Schüler seinen eigenen Förderplan. Aus diesem kann er genau erkennen, auf welches Lernziel sein derzeitiges Förderangebot abgestimmt ist. Dies bewirkt nicht nur Klarheit in den Köpfen der Kinder, sondern reduziert auch die sonst in den Stunden ständig anfallenden Fragen der Schüler, wie beispielsweise „Warum? Wofür mache ich das?", „Was mache ich danach? Wie geht es weiter?" und „Was machen die anderen?". So sparen Sie wertvolle Zeit, die für die Arbeit an den Förderzielen genutzt werden kann.

In einer gemeinsamen Anfangsrunde, in der die Kinder zunächst mithilfe ihrer Pläne ihren derzeitigen Förderbereich benennen, kann auf die einzelnen Ziele der Kinder noch einmal eingegangen werden. Diese Unterrichtsphase sollte dann dafür genutzt werden, Besonderheiten für die folgende Fördereinheit zu erläutern sowie mögliche, in der letzten Einheit festgestellte Probleme zu klären. Nachdem die Schüler sich noch einmal selbstständig ins Gedächtnis gerufen haben, welches Ziel sie derzeit verfolgen, kann die Förderarbeit beginnen.

In der Arbeitsphase hat der Lehrer dann die Möglichkeit, sich einzelne Schüler zur Seite zu holen, um mit diesen neue Aufgabentypen oder Materialien zu besprechen. Auch kann der Lehrer durch Beobachtungen und Gespräche mit den Kindern herausfinden, wo die Kinder im aktuellen Lernprozess stehen.

Fachbezogener Förderunterricht / Lernstudios

Bei dieser Möglichkeit wird zu einem bestimmten Förderaspekt, unter dem die Lerngruppe (klassenübergreifend) zusammengestellt wurde, gearbeitet (z. B. Förderung der Feinmotorik/ Rechtschreibung).

Selbstverständlich können die unter Punkt 4 vorgestellten Schülerförderpläne auch als Gruppenförderpläne eingesetzt werden. Denkbar wäre, dabei eine Form zu wählen, die alle Kinder dieser Gruppe gleichermaßen anspricht und zu einem zuvor gewählten Gruppenthema passt. Beispielsweise könnte eine Gruppe als Piratengruppe bezeichnet werden und entsprechend diesem Motto einen Gruppenförderplan als Schatzkarte erhalten. Abgesehen von der Schatzkarte werden in dieser Gruppe jegliche Aufgaben als „Piratenaufgaben" bezeichnet. Des Weiteren wird zu Beginn beziehungsweise zum Abschluss jeder Unterrichtseinheit ein „Piratenritual" durchgeführt (beispielsweise ein Schlachtruf).

Allein durch ein Gruppenmotto und durch die Rituale, die sich wie ein roter Faden durch die gesamte Förderung ziehen, kann die Motivation bei den Kindern stark gesteigert werden. Mögliche angewendete Verhaltenssysteme werden ebenfalls unter dem Motto „Piraten" entsprechend umgestaltet: Beispielsweise gibt es als Verhaltenssymbole keine grünen, gelben und roten Smileys, sondern entsprechend farbige Piratenschiffe.

Sie erkennen nun bereits, dass nur kleine Veränderungen benötigt werden, um die Motivation der Schüler einer Fördergruppe zu steigern. Ein positiver Nebeneffekt ergibt sich durch das bei den Kindern aufkommende Gruppengefühl. Selbst wenn die Kinder aus verschiedenen Klassen zusammengewürfelt wurden, sind sie nun alle in derselben Gruppe, z. B. als Piraten.

Auch aus organisatorischer Sicht wird durch die Wahl eines Gruppenthemas und die Vergabe eines entsprechenden Gruppennamens ein Vorteil erzielt. So müssen beispielsweise bei gruppenspezifischen Informationen nicht die einzelnen Schülernamen ausgesprochen werden, sondern es können lediglich „die Kinder der …-Gruppe" angesprochen werden.

6. Die Reflexion

Generell ist bei der Förderplanarbeit die abschließende Reflexionsrunde von enormer Bedeutung. In diesen Runden erhält der Lehrer oft mehr Informationen von den Schülern als während der Arbeitsphase.

Nicht nur das Kind, sondern auch Sie erkennen während der Reflexion, ob der Schüler seinem derzeitigen Ziel bereits nähergekommen ist, welche eventuell aufgetretenen Schwierigkeiten beiseitegeschafft wurden oder ob gegebenenfalls noch andere Lernformen oder Hilfsmaterialien benötigt werden. Planen Sie daher für die Reflexion genug Zeit ein, damit jedes Kind die Chance erhält, sich zu seinem Lernprozess zu äußern, und niemand „abgewürgt" werden muss. Zudem bietet diese Stelle im Unterricht – neben der Anfangsphase – noch einmal Platz, um mit den Schülern das weitere Vorgehen zu besprechen. Möglicherweise können die Kinder auf ihrem Förderplan bereits einen Schritt weitergehen. Ich persönlich lasse in diesem Fall von den Kindern zunächst eine kleine Lernzielkontrolle bearbeiten, um wirklich sichergehen zu können, dass das angestrebte Förderziel erreicht wurde.

Selbstverständlich gibt es Unterschiede zwischen dem Reflexionsvermögen der Kinder – nicht nur inhaltliche, sondern auch sprachliche. Allerdings ist selbst eine Aussage wie „Heute fiel mir die Aufgabe leicht" enorm wichtig. Versuchen Sie, in solchen Situationen von dem Kind noch zu erfahren, warum ihm heute die Aufgabe leichtgefallen ist. Hierzu eignen sich direkte Fragen wie: „Was musstest du bei der Aufgabe machen?", „War sie in der letzten Stunde schwieriger?", „Wie bist du bei der Bearbeitung vorgegangen?"

Es können auch verschiedene Hilfsmittel genutzt werden, um die Reflexion für die Kinder anschaulicher zu gestalten. Im Folgenden beschreibe ich Ihnen einige Methoden, auf die ich persönlich gerne zurückgreife. Allerdings gilt auch bezüglich dieses Bereiches: Der Kreativität sind beim Entwickeln, Verändern und Gestalten von Reflexionsmöglichkeiten keine Grenzen gesetzt, sowohl bei Ihnen als auch bei den Kindern. Sie dürfen dabei nur nicht das eigentliche Ziel, das Gewinnen eines Eindrucks vom individuellen Lernen der einzelnen Kinder, aus dem Blick verlieren.

Reflexion mit Zielscheiben

Eine meiner Lieblingsreflexionsmethoden ist die Arbeit mit Zielscheiben. Für diese Methode benötigen Sie lediglich eine schnell selbst zu bastelnde Zielscheibe, die drei Bereiche aufzeigt, sowie ein kleines Zeichen für jedes Kind. Dies können z. B. Steine in verschiedenen Farben, Porträtbilder von den einzelnen Schülern oder auch Gegenstände sein, mit denen sich die Kinder identifizieren. Denkbar ist auch, dass die Kinder sich selbst für eine Art von Zeichen entscheiden und dieses letztendlich selbst erstellen und mitbringen.

Die verschiedenen Ringe der Zielscheibe stehen für die drei Schwierigkeitsstufen – leicht, mittel, schwer (am besten in unterschiedlichen Farben gekennzeichnet). Der Lehrer gibt zu Beginn der Reflexion den Bereich vor, über den die Kinder reflektieren sollen. Meistens sind es die Aufgaben.

6. Die Reflexion

Nachdem den Kindern eine gewisse Bedenkzeit gewährt wurde, legen sie ihr Zeichen entsprechend ihrer Selbsteinschätzung in einen der drei Ringe. Der Lehrer hat nun die Möglichkeit, je nach Zeit und Bedarf bei den einzelnen Kindern nachzufragen, warum sie sich für diesen Schwierigkeitsgrad entschieden haben.

Darin sehe ich persönlich den Vorteil dieser Methode. Oftmals ist es schwierig, nach einer Unterrichtseinheit jedem Kind die entsprechende Zeit zu geben, die es für seine Reflexion benötigt. Mithilfe dieser Darstellungsform erhält der Lehrer von jedem Kind zunächst eine kurze individuelle Rückmeldung. Selbst wenn möglicherweise nicht die Zeit vorhanden sein sollte, bei jedem Kind näher nachzufragen, fühlt sich keines vernachlässigt oder mit seinem Lernen alleingelassen.

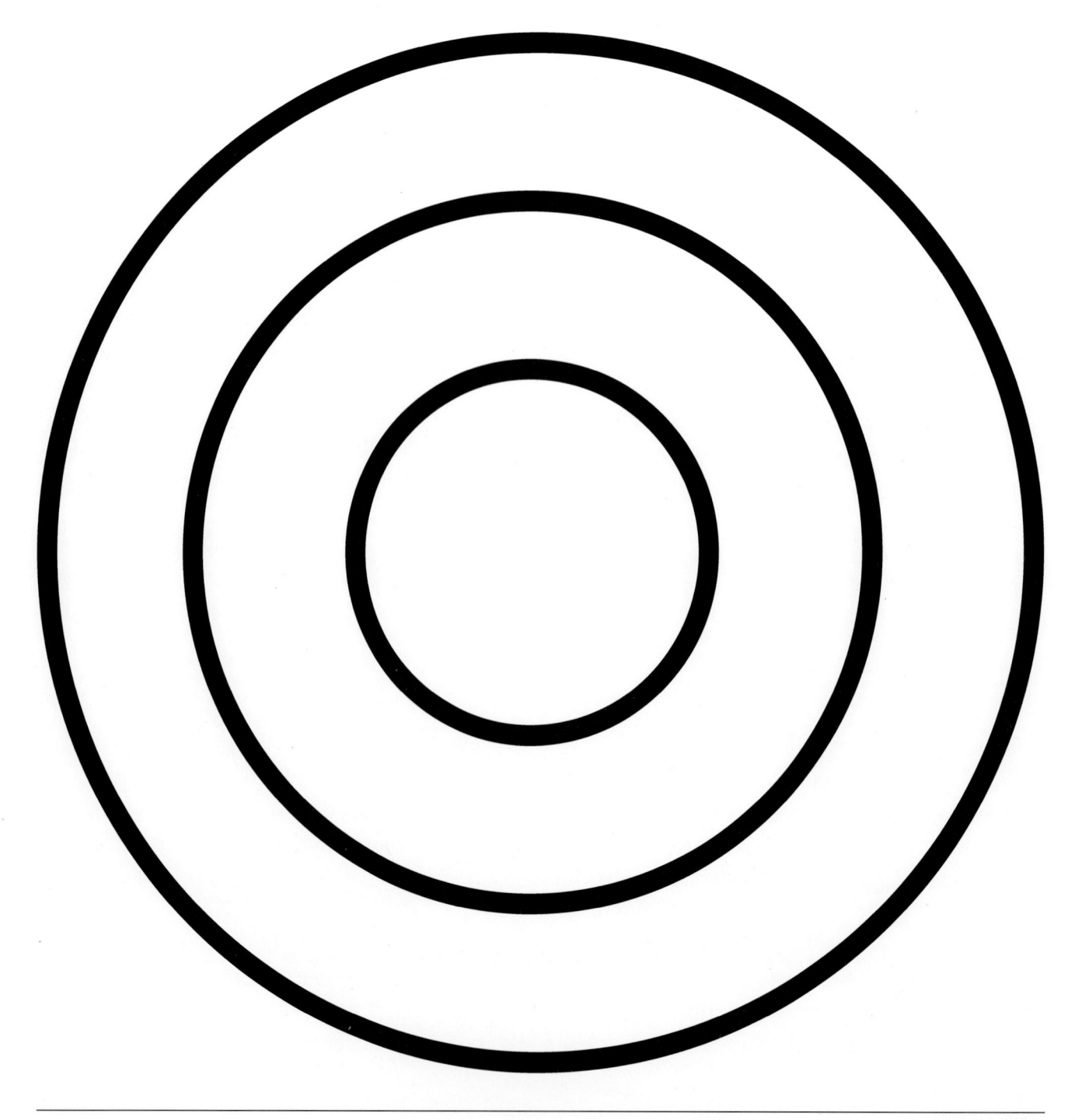

6. Die Reflexion

Reflexion mit verschiedenfarbigen Glassteinen (sogenannten Muggelsteinen)

Diese Reflexionsmöglichkeit ähnelt vom System her der vorherigen. Anstelle der verschiedenfarbigen Zielscheibenringe stehen allerdings Kisten mit drei verschiedenfarbigen Glas- oder Muggelsteinen zur Verfügung. Ich persönlich verwende gerne die Ampelfarben, wobei Grün für leicht, Gelb für mittel und Rot für schwer steht.

Auch bei dieser Methode wird den Kindern vom Lehrer ein Reflexionsbereich vorgegeben. Die Kinder entscheiden sich je nach persönlichem Empfinden für den entsprechend farbigen Stein, nehmen ihn aus der Kiste und legen ihn vor sich hin. Auf diese Weise kann der Lehrer auf einen Blick erkennen, wie die Grundtendenz ist: Sind die Kinder im Allgemeinen mit ihrem Lernfortschritt zufrieden oder muss an der Arbeit grundlegend etwas verändert werden?

Auch bei dieser Methode ist dem Lehrer selbstverständlich die Möglichkeit gegeben, bei den Kindern individuell nachzufragen, um so einen detaillierteren Einblick in ihre Arbeit zu erhalten.

Reflexion mit Karten

Bei dieser wohl bekanntesten Reflexionsmöglichkeit stehen verschiedene Karten zur Verfügung, auf denen entweder Schlagwörter oder Satzmuster notiert sind oder auf denen ein Piktogramm abgebildet ist. Die Karten fungieren als stumme Impulse, indem sie die Kinder daran erinnern, die zuvor durchgeführte Arbeit bezüglich verschiedener Aspekte unter die Lupe zu nehmen: z. B. den Schwierigkeitsgrad der Arbeit, aufgetretene Probleme, festgestellte Fortschritte.

Durch die Auswahl der Karten ist der Lehrer in der Lage, die Reflexion ein Stück weit zu steuern und Antworten zu den derzeit wichtigsten Punkten in Bezug auf den Lernfortschritt des Kindes zu erhalten. Bei der Auswahl der Satzmuster ist zu beachten, dass diese die Kinder dazu anregen, nicht nur mit einem Wort zu antworten, sondern ihre Meinung auch zu begründen.

Mit Schlagwörtern:

Meine Aufgabe	Mein Verhalten	Mein Problem
Meine Erkenntnis	Meine Konzentration	

6. Die Reflexion

Die Schlagwörter können (gerade bei jungen Kindern, die noch nicht gut lesen können), auch durch Piktogramme ersetzt werden.

Mit Piktogrammen:

Mit Satzmustern:

Meine Aufgaben fielen mir …, weil …	Gut geholfen hat mir …, weil …	Nicht verstanden habe ich …
Für das nächste Mal nehme ich mir vor, …	Ich habe mein Ziel erreicht, weil …	Bei meiner Arbeit hätte mir geholfen, wenn …
Ich fand, dass ich … gearbeitet habe, weil …	Ich habe an … gearbeitet, weil …	Ich habe heute gelernt, dass …
Mein größtes Problem war …	Ich habe mich heute … verhalten, weil …	Ich konnte mich heute … konzentrieren, weil …

6. Die Reflexion

> **Beispiel:**
> Das Satzmuster „Die Aufgaben waren …" bringt die Kinder lediglich dazu, dieses mit einem „leicht" oder „schwer" zu ergänzen. Es ist somit problematisch, auf diese Weise zu einer vertieften Reflexion zu gelangen, um nähere Erkenntnisse von den Kindern zu ihrem Lernstand beziehungsweise -fortschritt zu erhalten.
>
> Im Gegensatz hierzu ist das Satzmuster „Die Aufgaben fielen mir …, weil …" so gestellt, dass die Kinder automatisch dazu gebracht werden, neben einer persönlichen Einschätzung auch eine Begründung abzugeben.

Piktogramme (z. B. eine Glühbirne für den Bereich „Lernfortschritt") oder einzelne Schlagwörter (z. B. „Meine Aufgabe(n)") können im Vergleich zu Satzmustern bei manchen Kindern von Vorteil sein. Den Kindern wird hier lediglich der Bereich vorgegeben, über den sie nachdenken sollen. Dabei können sie sich frei äußern, ohne sich an ein Satzmuster halten zu müssen. Für Kinder, die noch nicht lesen können oder Schwierigkeiten damit haben, ist diese Methode mit Bildern zu bevorzugen. Zu bedenken ist allerdings, dass im Vergleich zu redefreudigen Kindern gerade für sprachlich schwächere Kinder diese Möglichkeit ein Problem darstellt, da sie nun selbstständig Formulierungen finden müssen.

Reflexion mit Gegenständen (speziell: Stein und Feder)

Diese sehr anschauliche Reflexionsmöglichkeit eignet sich meiner Meinung nach vor allem für jüngere Kinder. Die Einführung dieser Möglichkeit erfolgt zunächst mit einer offenen Erzählrunde zu den beiden Gegenständen „Stein" und „Feder". Meistens stellen die Schüler schnell von selbst fest, dass das Gewicht der beiden sehr unterschiedlich ist. Sollten sie nicht selbstständig auf diesen Aspekt gelangen, können Sie die Kinder darauf hinweisen. Des Weiteren sollte vom Lehrer erläutert werden, welchen Bereich die Kinder als leicht beziehungsweise schwer einschätzen sollen – beispielsweise ihre Aufgaben.

Bei der Reflexionsrunde an sich liegen beide Gegenstände vor den Kindern. Je nachdem, wie sie ihre Arbeit einschätzen, nehmen sie einen der beiden Gegenstände an sich. Beispielsweise greifen sie nach der Feder, wenn sie ihre Aufgaben in dieser Unterrichtseinheit als leicht empfunden haben. Wichtig hierbei ist, dass die Kinder nicht bei der Nennung eines der beiden Worte („leicht" oder „schwer") stehen bleiben, sondern ihre Ansicht begründen. Sollten sie nicht von selbst eine Begründung abgeben, helfen direkte Fragen.

6. Die Reflexion

Reflexion anhand eines Fragebogens

Grundlage dieser Methode ist ein Fragebogen, den der Lehrer zuvor nach seinen individuellen Ideen und Bedürfnissen entwickeln kann. Nach einer Unterrichts- oder Sequenzeinheit besteht die Aufgabe der Schüler darin, den Fragebogen individuell nach ihrer Einschätzung auszufüllen.

An dieser Stelle finden Sie drei Varianten eines Fragebogens. Die darin aufgestellten Aussagen sollen die Schüler dazu anregen, sich intensiv mit ihrem Lern- und Arbeitsverhalten sowie dem Erreichen ihres Ziels zu beschäftigen. Fragebögen in dieser, eher allgemein gehaltenen Form können jederzeit eingesetzt werden. Es können selbstverständlich aber auch spezifische Aussagen zu einem bestimmten Fach oder Themenbereich getroffen werden, wie beispielsweise „Ich kann Plusaufgaben bis 20 im Kopf rechnen" oder „Ich kann Sätze lesen und verstehe, was sie bedeuten". Je nachdem, welche Absicht Sie damit verfolgen oder zu welchen Bereichen (Lern- und Arbeitsverhalten, fachliches Wissen, aufgetretene Schwierigkeiten) Sie von Ihren Kindern Informationen erhalten möchten, können Sie den Fragebogen individuell gestalten.

Variante 1:

Name:	**Datum:**
☺ Das kann ich schon gut:	☹ Das kann ich noch nicht so gut:

Daran möchte ich in nächster Zeit arbeiten:

6. Die Reflexion

Variante 2:

Name:		Datum:			
Nun bin ich gefragt!					
	Meine Aufgaben fielen mir leicht.		☺	😐	☹
	Ich habe die Arbeitsanweisung verstanden.		☺	😐	☹
	Ich habe eine wichtige Erkenntnis gewonnen.		☺	😐	☹
	Ich habe mein Ziel erreicht.		☺	😐	☹
	Ich hatte ein Problem.		☺	😐	☹
	Ich konnte dieses Problem alleine lösen.		☺	😐	☹
	Ich habe mir selbstständig Hilfe gesucht.		☺	😐	☹
	Ich habe mich an die Regeln gehalten.		☺	😐	☹
	Ich habe anderen geholfen.		☺	😐	☹
	Ich konnte mich gut konzentrieren.		☺	😐	☹
	Ich bin mit mir selbst zufrieden.		☺	😐	☹

Was ich noch loswerden möchte:
_____
_____

Variante 3:

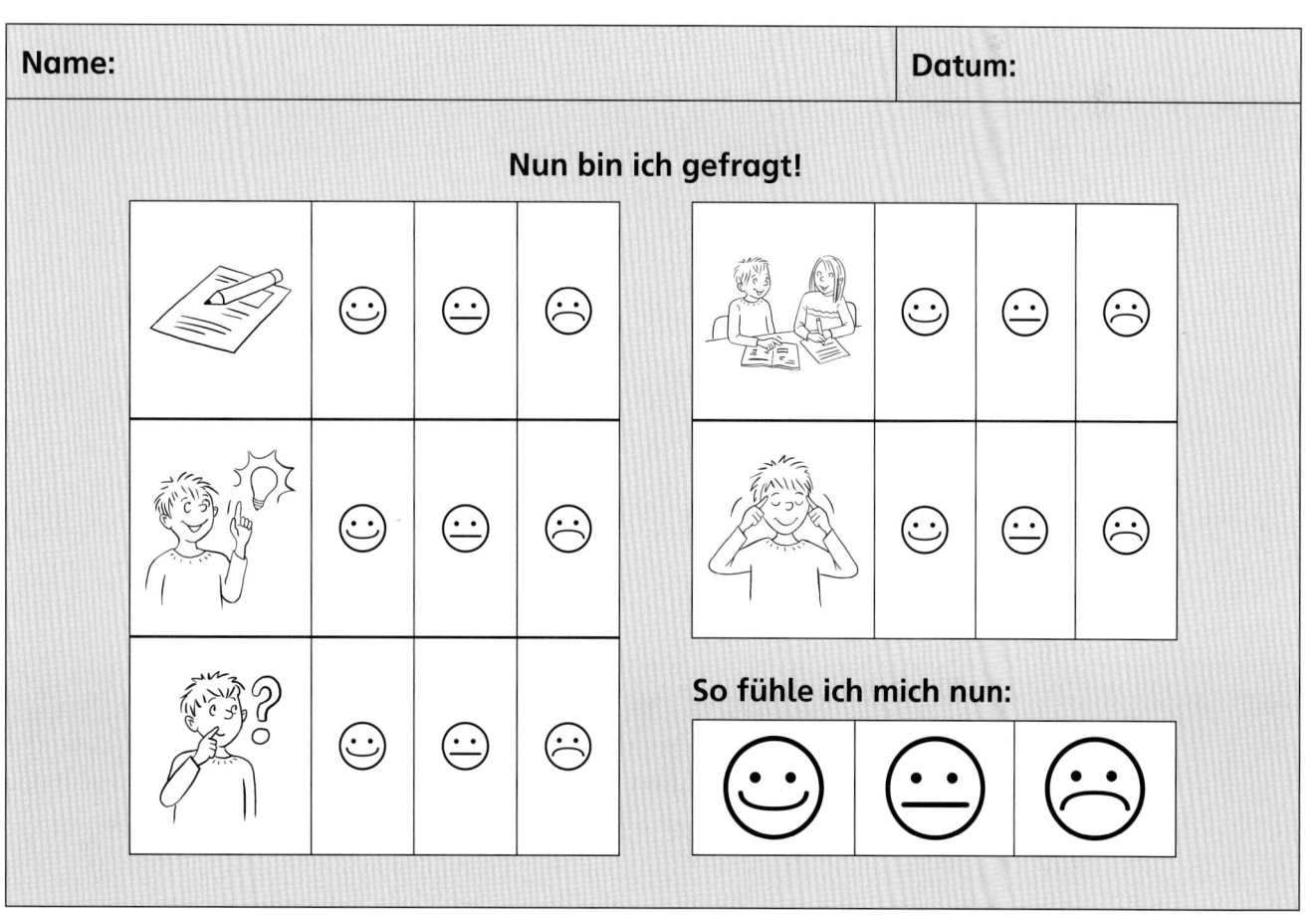

Name:	Datum:

Nun bin ich gefragt!

So fühle ich mich nun:

6. Die Reflexion

Der Nachteil dieser Reflexion liegt in der nicht unmittelbar möglichen Rückmeldung des Lehrers an den Schüler. Dies bedeutet im Umkehrschluss auch, dass der Lehrer beim Schüler nicht direkt nachfragen kann, falls er noch weitere Informationen für ein vollkommenes Verständnis benötigen würde. Diesem Nachteil kann man allerdings entgegenwirken, indem der Fragebogen nicht nur ausgefüllt, sondern anschließend auch gleich besprochen wird – im Plenum oder mit jedem Kind einzeln.

Diese Methode eignet sich besonders, wenn man die Einschätzungen der Kinder schriftlich festhalten möchte (für Elterngespräche oder wenn ein Vergleich zu späteren Selbsteinschätzungen stattfinden soll). Zudem kann durch die einzelnen, direkt gestellten Fragen eine sehr gezielte und aufgesplittete Reflexion stattfinden. Sollte dies allerdings nicht das vorrangige Ziel sein, würde ich persönlich eine andere, zeitsparendere Reflexionsmethode bevorzugen.

Bei allen verschiedenen Möglichkeiten ist das Wichtigste allerdings Geduld, die Sie für diese Unterrichtsphase immer wieder aufbringen müssen, und die Ermutigung der Kinder. Das Reflektieren muss, wie vieles andere im Leben, von den Kindern erst erlernt werden. Verzweifeln Sie nicht, wenn Sie den Kindern zunächst alles aus der Nase ziehen müssen und selbst dann nur bedingt zufriedenstellende Antworten im Sinne von einem minimalen Eindruck in den Lernprozess erhalten. Je früher mit den Kindern die Reflexion geübt wird, desto schneller werden Sie Erfolge sehen. Anders als oftmals vermutet, ist unsere heranwachsende Generation sehr wohl in der Lage, ihr eigenes Lernen einzuschätzen. (Dies gilt nicht nur für die leistungsstarken Schüler!) Wir müssen uns nur einen kleinen Schubs geben und Vertrauen in unsere Kinder haben, dass sie dies leisten können.

7. Kurzer, zusammenfassender Ablauf einer Förderplanarbeit

1. Durchführung der Förderdiagnose

- Auswahl eines Vorgehens
- Gespräch mit dem Kind (u. a. über seine Vorlieben und Neigungen, Selbsteinschätzung bezüglich seiner Schwächen und Schwierigkeiten)
- Gespräche mit weiteren Lehr- und Fachkräften
- Gespräch mit den Eltern
- …

2. Erstellung eines formalen Förderplans

- Festlegen der Zuständigkeiten (z. B. Klassenlehrer, Fachlehrer, Eltern)
- Festlegen des Förderortes beziehungsweise der -zeiten (z. B. im Klassenunterricht, im individualisiertem Förderunterricht)
- …

3. Erstellung eines Schülerförderplans

- Erläuterung des Plans mit dem Kind
- …

4. Arbeit mithilfe des formalen Förderplans sowie des Schülerförderplans

- regelmäßig stattfindende Reflexionen
- ggf. Überprüfung, ob das Förderziel erreicht wurde (z. B. Gespräch mit dem Kind, Test)
- …

8. Schwierigkeiten der Förderplanarbeit

Die Förderplanarbeit hat viele Vorteile, jedoch möchte ich an dieser Stelle auch darauf eingehen, dass es eben auch Schwierigkeiten, Einschränkungen und Grenzen dieses Arbeitsmittels gibt.

Wie bereits mehrfach erwähnt, ist die Erstellung eines Förderplans sehr zeitintensiv. Daher muss sich das Aufwand-Nutzen-Verhältnis auf jeden Fall die Waage halten. Doch welche Voraussetzungen müssen gegeben sein, damit dieses Arbeitsmittel wirklich seinen Nutzen erfüllt?

Die Fördereinheiten müssen stets fest in der Schulwoche verankert sein. Klar kann es passieren, dass aufgrund verschiedenster Ereignisse, wie z. B. eines Klassenausflugs, die Förderstunde einmal ausfällt. Dies sollte allerdings auf keinen Fall die Regel sein. Es muss gewährleistet werden, dass die Förderung konsequent stattfindet, denn ansonsten lohnt sich die ganze Zeit, die man vorab in die Entwicklung des Förderplans gesteckt hat, nicht.

Hier komme ich auch gleich zum zweiten Aber: An der Förderplanarbeit sollten wirklich alle Beteiligten mitarbeiten *wollen*. Dass die Eltern dazu bewegt werden, ist oftmals problematisch. Natürlich wäre auch dies sehr wünschenswert. Geben Sie daher die Hoffnung nicht auf und führen Sie immer wieder Gespräche mit den Eltern, um ihnen die Notwendigkeit ihrer Mitarbeit aufzuzeigen.

Noch entscheidender allerdings ist die Mitarbeit der Klassenlehrkraft (wenn Sie dies nicht selbst sind). Denn nur, wenn diese am selben Strang wie Sie zieht, wird das Kind regelmäßig zur Förderung erscheinen. Sprechen Sie daher bereits von Anfang an offen mit Ihrem Kollegen. Erläutern Sie gegebenenfalls die Vorgehensweise Ihrer Arbeit. Stellen Sie dabei die Ziele und Vorteile dar und gehen Sie auch auf die Problematik ein. So können Sie Ihrem Gegenüber zeigen, wie sehr Sie darauf angewiesen sind, dass alle mitarbeiten. Wenn Sie dies bereits vorab besprechen, wird die Gefahr verringert, dass Ihre spätere Arbeit schließlich „auf Eis liegt".

Zudem würde ich behaupten, dass die Erstellung eines Förderplans vor allem dann sinnvoll ist, wenn das Kind nicht nur leichte Probleme in einem Lernbereich aufweist, sondern seine Schwächen stärker ausgeprägt sind. Verstehen Sie das bitte nicht falsch! Es ist natürlich bei allen Kindern und Problemen wichtig, mit ihnen gemeinsam an diesen zu arbeiten – benötigt man hierfür allerdings einen detaillierten Plan über einen längeren Zeitraum? Anders gefragt: Lohnt sich wirklich der zeitliche Aufwand, den man in die Erarbeitung eines solchen Plans hineinsteckt, wenn das Kind bereits nach wenigen Einheiten der Förderung seine Schwäche ausgeglichen hat?

Generell ist es nötig, wie bei allen anderen Förderungen auch, dass gewisse räumliche und materielle Voraussetzungen gegeben sind. Es ist psychologisch erwiesen, dass eine Verknüpfung zwischen dem Lernerfolg und dem Lernumfeld besteht. Das Kind sollte in einer Umgebung arbeiten, in der es sich wohlfühlt. Es reichen meist schon einige Handgriffe, um einen Raum lernfreundlicher zu gestalten. Dabei ist nicht die Masse (beispielsweise an Lernplakaten) entscheidend, sondern der Inhalt und die Bedeutsamkeit für das Kind. Des Weiteren müssen für die individuelle Förderplanarbeit notwendige Materialien zur Verfügung stehen. Abgesehen von ganz banalen Gegenständen wie einer Mappe, in der das Kind seine individuellen Arbeitsergebnisse aufbewahren kann, werden immer wieder Fördermaterialien (Rechenplättchen, Hundertertafel …) benötigt. Diese können dem Kind bei einem Lernfortschritt entscheidend helfen.

Werden die in diesem Abschnitt genannten Einschränkungen betrachtet und bei jedem einzelnen Förderkind genau abgewogen, so lässt sich leicht entscheiden, ob ein Förderplan von Nutzen sein wird.

9. Schlusswort

Es war mir persönlich ein großes Anliegen, diesen Leitfaden zu schreiben. Ich hoffe, ich konnte Ihnen einige Denkanstöße mit auf den Weg geben. Meine Ideen sollen Ihnen als Anregungen dienen und Sie dazu ermutigen, Ihrer kreativen Ader freien Lauf zu lassen. Sie werden sehen, dass Sie nach und nach die Arbeit mit Förderplänen immer positiver beurteilen werden – spätestens wenn Sie in die strahlenden Augen der Kinder blicken, die sich gerade darüber freuen, dass sie in ihrem individuellen Lernprozess einen Schritt weitergekommen sind.

10. Quellen

Bayerische Landeszentrale für politische Bildungsarbeit (2009): *Verfassung des Freistaates Bayern. Grundgesetz für die Bundesrepublik Deutschland, mit den Änderungen im Zusammenhang mit dem Vertrag von Lissabon.* 1. Auflage

Becker, Bernd (1985): *Bayerisches Erziehungs- und Unterrichtsgesetz.* Oldenbourg Wissenschaftsverlag; 3. Auflage

Berndt, Maureen (2014): *Förderplankonzept – konkret und transparent.* BVK Buch Verlag Kempen GmbH; 6. Auflage

Braun, Dorothee, Schmischke, Judith (2008): *Lehrerbücherei Grundschule: Kinder individuell fördern: Lernwege gestalten – Förderdiagnostik, Förderpläne, Förderkonzepte – Für die Klassen 1 bis 4.* Cornelsen Scriptor

Domsch, Holger, Krowatschek, Dieter (2014): *Förderpläne – kein Problem: Beobachten, entwickeln, durchführen, evaluieren (1. bis 10. Klasse).* AOL-Verlag in der AAP Lehrerfachverlage GmbH; 9. Auflage

Flott-Tönjes, Ulrike, Oberlack, Susanne, Ross-Boelhauve, Rita (2010): *Fördern planen. Förderzielorientierter Unterricht auf der Basis von Förderplänen.* vds-Verband Sonderpädagogik Landesverband NRW; 2. Auflage

Grümer, Karl-Wilhelm (1974): *Beobachtung.* Teubner Verlag

Hobmair, Hermann, Althethan, Sophia, Betscher-Ott, Sylvia, Dirringl, Werner, Gotthardt, Wilfried, Ott, Wilhelm (1997): *Psychologie.* Stam Verlag

Klein-Landeck, Michael, Pütz, Tanja (2011): *Montessori-Pädagogik: Einführung in Theorie und Praxis.* Verlag Herder; 3. Auflage